AIDEZ-NOUS, la France a besoin de vous !

Lettre à Nicolas Sarkozy.

Maxence Trinquet

AIDEZ-NOUS, la France a besoin de vous !

Lettre à Nicolas Sarkozy.

Books on demand

Éditeur : Books on Demand GmbH, 12/14 rond point des Champs Élysées, 75008 Paris, France

Impression : Books on Demand GmbH, Norderstedt, Allemagne

ISBN : 978-2-322-03702-5

Dépôt légal : Juin 2014

Sommaire

Avant-propos

Lorsque j'ai entrepris l'idée d'écrire cet appel, j'ai pensé à la France. J'ai constaté avec douleur l'état déplorable dans lequel elle se trouve. Je déplore chaque jour la situation dans laquelle se trouve la majorité présidentielle, sans doute la plus désunie de toute la Ve République. Mais, l'opposition que l'UMP est censée assurer n'est pas au rendez-vous à cause d'un problème de leadership flagrant qu'aucune personnalité autre que Nicolas Sarkozy ne sait combler. Aucune personnalité politique de droite ne sait autant mobiliser et rassembler les masses de militants derrière lui. Cet appel en est l'exemple même! Quel homme politique de droite comme de gauche, aujourd'hui, pourrait se targuer d'avoir derrière lui un mouvement énergique (La Droite forte), des dizaines d'associations, de groupes sur les réseaux sociaux, et des appels oraux comme écrits appelant à son retour? La vérité, c'est que les Français ont eu de la chance d'avoir Nicolas Sarkozy comme Président. Il est un des rares à avoir tant aimé et tant compris notre pays. Si j'ai écrit ce livre, c'est pour rappeler tout ce qu'il a accompli pour nous. Oui, j'en suis convaincu, si cet appel passe de mains en mains nous prouverons à tous ceux qui ont voulu résumer 5 ans d'action en un simple épisode du "Fouquet's" ou du "casse-toi pauvre con" qu'ils se trompent.

J'ai donc souhaité que cet appel se présente sous la forme de l'interpellation directe, telle une lettre ouverte afin de le convaincre de se présenter à l'élection présidentielle de 2017.

Bien sûr, Nicolas Sarkozy n'a jamais quitté la sphère publique, il est resté pendant des mois attentif aux problèmes qu'endurent les Français, on peut donc penser que lui demander de revenir est inutile. Pourtant, l'intention première de mon essai est de rappeler son vrai bilan, loin des caricatures. Enfin, j'ai également pensé que l'avis d'un jeune qui a commencé à observer le dernier quinquennat à 12 ans et qui a désormais 19 ans pourrait être un style intéressant.

Bonne lecture!

Maxence Trinquet

Monsieur le Président,

Qui ne se souvient pas de ce triste soir du 6 mai 2012, de ce
beau discours empreint de dignité, plein de paix et d'espérance?
Qui ne se souvient pas de vos derniers mots, loin du vulgaire
sentiment de remord, nous appelant à penser avant tout à
« quelque chose de plus grand que nous, la France »?

Qui ne se souvient pas de cette image de vous, partant, derrière
des dizaines de drapeaux français, tous plus agités les un que
les autres, sous les chaleureux « Merci » répétés par les
fervents militants présents. Vous laissiez un pupitre vide, avec
l'inscription « La France forte », en vérité, c'est la France Forte
elle-même que vous laissiez! En effet, la France est depuis ce
jour, orpheline.

Alors que ce désarroi se manifeste chaque jour davantage par
les innombrables renoncements de votre successeur à la tête de
la France, ainsi que par son manque d'autorité, de vision et de
pragmatisme face à ses responsabilités qu'il a souvent nié avant
d'être élu, la question de votre retour dans la vie politique
active au service de notre pays est inéluctable.

Pendant plusieurs mois, vous avez fait le choix de vous tenir
éloigné de la "petite actualité politique", mais néanmoins de
rester attentif aux problèmes qu'endure la France. Je souhaite
donc, le temps de cette lettre, vous rappeler ce que vous avez
fait pour notre beau pays.

**Un Président réformateur et visionnaire.**

L'énergie est sans doute l'adjectif qui vous caractérise le mieux, et votre plus grand mérite est de l'avoir employé pendant votre mandat, car il est vrai que peu de chefs d'Etat peuvent se vanter d'avoir fait voter pas moins 240 lois en seulement 5 ans, soit une par semaine!

Dès le jour de votre investiture vous aviez donné le ton en vous rendant à Berlin pour y rencontrer Angela Merkel. L'accolade du premier Président français n'ayant pas connu la guerre avec la représentante du peuple allemand fut un grand symbole. Ce soir là, après 25 années d'immobilisme, et sous le signe du dynamisme, la France retrouvait sa place sur la scène internationale. Mais après les signes d'amitié, virent les sujets d'actualité, « pas de temps à perdre »! Ce soir là vous évoquiez avec la chancelière le « dossier EADS », affaire sensible à l'époque car cette entreprise, symbole de l'union économique européenne était au bord de la faillite, et voyait par le même temps ses dirigeants suspectés de fraude. Cette affaire avait animé pendant des semaines, les débats pendant la campagne présidentielle, il était donc nécessaire de s'y atteler. Ce que vous avez fait!

Autre sujet abordé avec la Chancelière, la préparation du très important Conseil de l'Union européenne qui allait se tenir un mois après avec pour principale préoccupation la modification du Traité de fonctionnement européen, qui deviendra le Traité de Lisbonne, et l'entrée de Malte et Chypre dans l'Union économique et monétaire, la zone euro.

Puis, vous parlèrent également du Sommet du G8 qui allait se dérouler en Allemagne trois semaines plus tard à Heiligendamm. Le trente-troisième de l'histoire et votre premier en tant que Président, avec pour ordre du jour le

« développement durable » et « l'Afrique ».

Quelques minutes après avoir franchi le sol berlinois, vous fîtes une conférence bilatérale avec madame Merkel au cours de laquelle vous déclariez « La politique de la France telle que je la conçois, ne sera pas marquée du sceau de l'attentisme, ni en matière de politique intérieure, ni en matière de politique européenne, ni en matière de politique étrangère ». Nous l'avions compris, rien n'allait plus être comme avant!

Le lendemain vous formiez le gouvernement avec François Fillon. Passer d'homme politique à homme d'Etat cela ne s'improvise pas, cette transition est parfois très longue car il ne suffit pas d'être simplement élu par le peuple au suffrage universel direct. C'est pourquoi tant d'hommes échouent en ayant considéré que l'élection était une fin alors qu'elle n'est que point de départ. Sans doute, parmi les valeurs cardinales qu'il faut posséder pour se montrer digne cette charge, il y a l'abnégation. Vous en avez fait preuve dès le premier jour, lors de votre discours d'investiture, en rappelant votre conviction, celle qu'au service de la France « il n'y a pas de camp », proposant ainsi à des hommes et des femmes ne partageant pas les mêmes opinions politiques, de venir servir la France, la fameuse « ouverture ». L'ouverture, cette cohabitation toujours imposée par les résultats d'élections et qui n'a jamais donné l'effet voulu puisqu'au lieu de faire office de contre-pouvoir, elle donna toujours lieu à de puérils blocages. Toutefois on peut trouver dans l'Histoire, une personnalité qui sut rassembler autour de lui pour former une union au nom de l'intérêt général, c'est celle que fit le Général de Gaulle. Au lendemain de la deuxième Guerre mondiale, il rassembla des personnalités de divers horizons politiques telles que le radical socialiste Jules Jeanneney qui eût le plus haut titre, celui de Ministre d'Etat, ou le centriste François de Menthon à la justice, ou encore le socialiste Adrien Tixier à l'intérieur, et même Charles Tillon un communiste au Ministère de l'Air. Et ce, pendant plus d'un an. Puis il recommença, pendant six mois en 1958. Cependant, il est un point qu'il faut noter, c'est que le contexte dans lequel le Président de Gaulle se trouvait, exigeait de telles mesures car la France était au bord de la guerre civile et c'est ainsi qu'il sauva notre pays! Mais, en ce mois de mai 2007, rien ne vous obligeait à ouvrir votre gouvernement à gauche, sinon l'intérêt très noble du service de l'Etat. Il y eut tellement d'inepties dites à ce sujet qu'il faut réussir à s'en extraire pour en tirer des conclusions objectives. A mon sens, pour placer l'intérêt de la nation avant la considération de son parti, il faut avoir énormément de courage puisqu'il faut savoir dire « Non » à ceux qui sont proche de nous, mais aussi parce qu'il faut essuyer les critiques des ambitieux de son camp. Il y a également une noble et profonde intention car en faisant l'ouverture, vous n'aviez aucun intérêt politique, bien au contraire! Certes, aujourd'hui tout le monde s'accorde à dire que ce ne fut pas une réussite politique. Mais le simple fait historique d'avoir cru en l'honnêteté et la maturité des politiciens dont l'ultime visée aurait dû être de faire passer la France avant tout, vaut mile fois mieux qu'un potentiel intérêt politique, qui n'aurait sans doute pas duré! De surcroît, l'attitude patriote dont vous avez fait preuve est le signe de votre grande lucidité sur le monde dont l'immense majorité de la classe politique semble ne pas avoir saisi l'ampleur. En effet, vous êtes le seul à dire que « dans le monde du XXIe Siècle, les partis, c'est fini! ». Cette brutale expression, pour le militant que je suis, peut sans doute paraître insensée pour certains et utopique pour d'autres, mais elle traduit une réalité qu'il est nécessaire de comprendre. Pour ce faire, il faut regarder dans l'Histoire de notre pays. En France, la population est scindée en deux grands groupes, la gauche et la droite. Chaque responsable publique se positionne en fonction de ce traditionnel schéma et, de ce fait, peine à rassembler une nation entière. Cette dichotomie de la société française résulte de la Révolution de 1789, et plus particulièrement de l'assassinat de Louis XVI en 1793. En effet, en commettant un régicide le 21 janvier de cette même année, les révolutionnaires ont privé notre pays du seul repère que les Français pouvaient avoir à l'époque. Situé bien au-dessus de l'échiquier politique, le roi était garant de la stabilité et de l'unité. Depuis ce jour, les Français ont toujours cherché à compenser cette faute en considérant leurs dirigeants comme des monarques, mais en vain, car il est quasiment impossible d'être élu par une partie du peuple, et d'agir pour l'autre partie comme si elle vous était acquise, à moins d'être doué d'abnégation. La traditionnelle phrase à laquelle plus aucun français ne croit « Je serai le Président de tous les Français » traduit bien cet état de fait. D'ailleurs, vous aussi l'avez prononcée, et lorsque ces mots sortirent de votre bouche je dois vous avouer qu'un sentiment de perplexité m'avait envahi. Pourtant, pendant votre quinquennat les faits ont démontré que vous avez honoré ce serment car vous avez toujours préféré l'intérêt de la France à celui de votre famille politique. Vous avez, par vos actes patriotes, fait vivre la conception gaullienne de l'exécutif, celle d'un Président possédant une hauteur de vue et qui sait, tel un roi, se hisser au-dessus des partis et dont le seul intérêt est son pays.

Justement, les partis politiques, tels que nous les connaissons aujourd'hui ne sont apparus qu'au siècle dernier. Le premier fut le Parti Radical, fondé grâce à la loi de 1901. Ce n'était, au début, qu'une simple association regroupant des individus ayant les mêmes convictions, mais très vite d'autres se créèrent puis impactèrent sur la vie démocratique. C'est pourquoi dans la Constitution de 1958, il leur est prévu un statut et une mission:

assurer le pluralisme politique représentant les convictions de chacun, consacré en l'article 4. On peut aussi remarquer qu'ils n'existent que depuis une centaine d'années et donc avouer qu'il y eut une vie avant les partis, et qu'il y en aura également une après! Autrefois, lorsque la population voyait en quelqu'un les compétences requises pour les représenter, ils décidaient de le soutenir en se mobilisant autour de lui et de ses valeurs afin de le hisser vers les responsabilités qui l'attendaient, alors qu'il n'y avait même pas encore tous les moyens de communication dont nous disposons aujourd'hui! Imaginez donc ce dont nous pourrions être capables maintenant! Actuellement, la France est dans une telle situation politique, économique et culturelle, que les clivages doivent être dépassés afin de bâtir un avenir commun à notre pays. Savoir de quoi sera fait leur avenir est ce qui préoccupe réellement les français, donc si un homme possédant une grande expérience des sommets de l'Etat se présente à eux avec un projet clair de redressement et d'équilibre du pays, je suis convaincu qu'ils accepteront. De surcroît, dans le « monde du XXIe Siècle » tout le monde est acteur, chaque individu agit à sa façon et impacte sur la vie de notre pays. Désormais, il suffit d'un clic, d'un message posté sur la toile pour rassembler des millions de personnes et faire l'actualité. Cette réalité fait peur, mais elle n'en est pas moins présente. Bien sûr, il ne s'agit pas de plaider pour dissoudre les partis en France, mais de revoir leur rôle, leur fonctionnement ou encore leur financement. Peut-être, faudra-t-il leur accorder plus d'importance localement, tout en n'y faisant pas régner une sorte d'anomie. Pour leur financement, autant pour les petits partis que les les grands, peut-être faudra-t-il ne plus limiter les dons et accepter que les entreprises comme les particuliers les financent, car la démocratie n'y risquerait rien, les Etat-Unis et l'Allemagne le font sans aucun problème! Ce sujet ne doit pas être tabou, ce système fonctionne très bien. Ainsi, ceux qui auront saisi ces faits seront modernes et auront les clés de lecture de ce nouveau monde dans lequel nous vivons. Ils devront donc aussi se rendre à l'évidence que le sentiment de vous voir revenir dans la vie politique active, chaque jour ressenti par plus de français, au regard de votre stature, n'exigera pas la tenue de primaires! De surcroît, ces primaires contribueront sans aucun doute à des affrontements inutiles avant une élection cruciale et si elles ont lieu j'ai bien peur qu'elles obéissent malheureusement à la "loi de Murphy"...

Durant les cinq années de votre mandat, l'action fut votre maître-mot. Dès l'été 2007, vous avez eu l'occasion d'exploiter cette énergie, grâce à la session extraordinaire de l'Assemblée nationale qui vous aviez convoqué, en réformant notre pays et en protégeant les Français. Parmi les plus connues, la réforme des heures supplémentaires, c'est à dire « travailler plus pour gagner plus ». Promesse tenue! Grâce à cette mesure, 9 millions de Français ont pu bénéficier d'une augmentation de salaire en contrepartie d'heures de travail effectuées en plus. A ce sujet, nombreux sont ceux, dans votre camp qui vous ont reproché de ne pas avoir purement et simplement supprimé les 35 heures. Sur la forme, ils n'ont pas tort, mais sur le fond si, puisque si l'on réfléchit bien elle l'ont été, car cette réforme eut un succès immédiat et les Français qui en bénéficiaient les avaient déjà oubliées en travaillant à nouveau 39 heures par semaine. Ensuite, je ne doute pas du fait que vous seriez allé plus loin en retirant définitivement la loi du 13 juin 1998 du code du travail, mais cela n'aurait été possible que progressivement. Ont peut donc penser que ceux qui vous ont critiqué ont d'abord songé aux bienfaits politiques qu'aurait provoqué cette suppression, alors que vous pensiez d'abord aux Français. Votre attitude fut, là encore, celle d'un chef d'Etat, mais la leur ne saurait être blâmée puisqu'il est aussi nécessaire de préparer les élections. Revenons à cette défiscalisation, incluse dans la loi TEPA. Ce fut une mesure juste car l'Etat fit un effort financier, mais exigeait une contrepartie, basée sur le mérite et la responsabilité de chacun. Les Français y ont tout de suite été sensibles. Ils ont su saisir la main tendue vers eux, c'était une réelle marque de confiance que vous donniez à nos compatriotes, car ils ont senti qu'une charge leur était confiée, celle de participer directement à l'activité de la France, tout en étant récompensé, et ça faisait bien longtemps que cela n'était pas arrivé! Outre la récompense attribuée aux plus méritants, la loi TEPA a largement simplifié le code du travail en diminuant de moitié les articles qui le composent, et cela aussi, c'était attendu depuis longtemps! Vous l'avez fait.

2007 fut une année rayonnante politiquement, vous avez parfaitement respecté votre programme en exonérant les héritiers d'une part importante des successions ou encore en donnant la possibilité à ceux qui souhaitaient travailler le dimanche de le faire. Vous avez aussi renforcé les institutions de notre pays, tel que le montre cette mesure historique qui a fait revenir la cour des comptes à l'Elysée afin de contrôler les dépenses de l'Etat, ce qui n'était pas arrivé depuis plus de 300 ans! « Du symbole », dira-t-on, pourtant, ce n'est pas exact, puisque vous avez rendu cette cour totalement indépendante, j'en veux pour preuve le fait qu'elle vous ait « rappelé à l'ordre » deux ans de suite en pointant certaines dépenses excessives, ce qui vous conduisit à revoir vos budgets, pour présenter en 2011, le premier budget de l'Etat en équilibre depuis 1945! Toujours à la Cour des comptes, vous avez également fait le choix de nommer un socialiste, Didier Migaud, après la triste disparition de Philippe Seguin. Là encore, vous auriez pu penser à vos intérêts politiques, mais vous avez pensé à la France.

Si seulement les 5 années avaient pu se passer de la sorte, tout aurait été formidable! Malheureusement, votre quinquennat connut une inédite succession de violentes crises qui se sont abattues sur le monde entier. La France, comme tous les autres pays allait connaître une crise financière suite à la faillite de Lehmann Brothers, dont les effets se font encore ressentir aujourd'hui. La première crise à laquelle vous avez du faire face est la crise des subprimes. Cette crise est due au fait que les banques se sont risquées à spéculer sur les marchés financiers en misant sur ce que l'on appelle les "produits financiers" et cela s'avérera catastrophique. Les conséquences auraient été moins dramatiques si les clients des banques, c'est à dire nous tous, n'étions pas concernés!

Le jour du 4 octobre 2008 restera dans les mémoires comme étant le signe de votre force, de votre détermination et surtout de votre capacité indiscutable et inédite à rassembler les grands de ce monde, dont vous faisiez désormais partie. En réaction à cet innommable bouleversement, vous réunissiez autour de vous les trois plus grandes puissances de l'Europe pour trouver des solutions face à la crise financière mondiale qui venait de s'abattre sur nous. Rompant avec la tradition des sommets où l'on parle pour ne rien dire, vous êtes ressorti avec des mesures concrètes pour minimiser l'impact de la crise. Deux objectifs clairs ont été fixés : Remettre à flot et influer. Remettre à flot les banques pour qu'elles regagnent rapidement en capital et puissent ainsi donner des gages aux marchés financiers en comblant leurs pertes. Puis, influer sur elles pour qu'elles puissent investir les fonds perçus sans toucher à l'épargne des Français. Ce pari vous l'avez gagné! De plus vous n'avez pas "donné" l'argent des contribuables aux banques, il s'agissait d'un prêt, comme vous l'avez souvent rappelé et cela rapporté 2,5 milliards d'Euros à l'Etat.

Il fallait agir vite, vous l'avez fait! Parce qu'il y régnait un illégitime manque de transparence, vous avez décidé de contrôler les actions des agences de notation. (C'est d'ailleurs sans doute pour cette raison qu'une d'entre elles dégrada la note de la France en 2012).

Dans le même objectif, les bonus perçus par les financiers ont été taxés, tout comme les stock-options. Comme quoi, il n'est nul de besoin de se déclarer "ennemi" de la finance pour exiger des banques un effort de justice et de transparence!

Vous avez également plaidé pour une supervision mieux contrôlée des fonds spéculatifs.

Vous avez lutté contre les paradis fiscaux et par votre détermination, vous avez obtenu la régulation et la réharmonisation fiscale de la majorité de ces territoires où la fiscalité est presque inexistante. Vous le rappeliez lors de la campagne de 2012, lorsque vous représentiez l'Etat au G20 de 2009 à Londres, face à des récalcitrants qui ne voulaient pas publier une liste de "juridictions non-coopératives" qui invoquaient le secret bancaire, vous aviez menacé de quitter la salle et vous avez obtenu ce que vous étiez en droit d'attendre.

Enfin, d'une manière beaucoup plus concrète dans la vie de nos compatriotes, vous avez lancé le Plan de relance économique dès 2008, une action sans précédent pour redonner de l'emploi et une protection sociale à travers 35 milliards d'euros investis dans les entreprises en difficulté à cause de la crise financière, mais aussi pour les Français directement touchés par ses effets qui ont perdu leur emploi. Outre les 6 millions de Français modestes qui furent épargnés de l'impôt sur le revenu ou qui ont vu diminuer le montant qu'ils devaient à l'Etat parce qu'ils ne disposaient pas assez de ressources, le Plan de relance a permis d'engager un grand nombre de projets urbains et interurbains. En effet, des projets ferroviaires par la création de 4 lignes à grande vitesse (LGV) ont vu le jour, mais on doit aussi à ce plan la construction d'un tunnel de sécurité à côté du Tunnel de Fréjus. Plus concrètement encore, à Rouen, par exemple, les fonds injectés pour la relance de l'économie a permis une rénovation de la Cathédrale Notre-Dame, ou encore la construction d'une auberge de jeunesse. Certes, la Cour des comptes a révélé que les effets engendrés par ce plan n'avaient pas atteints les résultats espérés, mais qu'auraient dit les commentateurs si vous aviez été attentiste? Après tout, que le résultat soit moins important que prévu n'est pas l'essentiel. Ce qui est essentiel, c'est de retenir que cela a tout de même protégé les Français les plus touchés par la crise et permis de créer des dizaines de milliers d'emploi, en plus d'avoir limité l'impact de la crise sur la croissance économique de notre pays. Patrick Devedjian, qui était à l'époque Ministre en charge du plan déclarait que "La France a connu la plus petite récession de l'Europe et de l'OCDE en 2009 avec − 2,5 %". Parce qu'elle a agit vite, la France a mieux résisté que ses voisin européens, c'est un fait que nulle personne de bonne foi ne peut contester.

Au terme de votre mandat, vous avez permis aux Français de tirer un enseignement de la crise, à savoir qu'elle est salutaire et qu'en modifiant brutalement nos anciens modes de vie, elle nous a fait réfléchir sur nos anciens comportements avant d'entrer dans ce « nouveau monde ».

Confiance en la France

« La France n'est jamais autant prête sursaut que lorsqu'on la croit sur le déclin. » Cette phrase digne du Général de Gaulle, que vous avez prononcé lors de la campagne présidentielle de 2007 traduit le sentiment de confiance et d'espérance que vous placez en la France, et vous avez raison! Vous avez raison car la France, à travers les Siècles et en toutes occasions s'est toujours relevée. Au départ un simple rassemblement de plusieurs duchés et comtés, souvent en guerre les uns contre les

autres, la France sut s'unir, notamment grâce à Saint-Louis,
pour former un grand royaume dont nous sommes aujourd'hui
les héritiers! Nous sommes les héritiers de plus de 1400 ans de
rayonnement économique, politique et culturel à travers le
monde. La France a tenu face aux multiples invasions barbares,
elle a tenu face aux guerres de religions, elle a tenu pendant la
Fronde, elle a même tenu après la Révolution française de 1789
et les cent années de désordre qui suivirent. Enfin, elle
surmonta deux guerres mondiales et de nombreuses crises
économiques, financières et politiques. Pourtant, elle reste
toujours debout et demeure la cinquième puissance mondiale.
Il y a donc, de quoi éprouver une certaine fierté à être Français!
Seulement, depuis la moitié du siècle dernier, peu de
responsables politiques ont eu le courage de réformer en
profondeur, de structurer totalement le fonctionnement
institutionnel du pays, car ils se disaient, sans doute, « après
tout, c'est la France, elle résistera »! Seulement, dans ce monde
où tout change à une vitesse folle, cette façon très optimiste de
voir les choses ne sera peut-être plus d'actualité! C'est
pourquoi, vous avez pris soin de faire un acte, là encore,
historique: réunir l'Assemblée Nationale et le Sénat en Congrès
pour opérer la plus importante révision constitutionnelle que la
Ve République ait connu depuis son adoption le 4 octobre
1958. C'est ainsi que l'on vous doit la limitation du mandat
présidentiel à deux consécutifs; le référendum d'initiative
populaire; l'interdiction de représenter une loi avant deux ans
après que les Français se soient exprimés contre; la présence à
l'Assemblée nationale comme au Sénat de députés et sénateurs
représentant les Français de l'étranger; la reconnaissance des
langues régionales comme patrimoine de la France; la création
d'un défenseur des droits; la possibilité pour le peuple de saisir
le Conseil économique social et environnemental par voie de
pétltion; la possibilité pour le Président de s'exprimer
personnellement devant l'Assemblée nationale et le Sénat

réunis en Congrès, chose qui n'était pas arrivée depuis 1848!

Mais la confiance en un pays passe d'abord par son peuple. Voilà pourquoi vous avez tant misé sur l'entreprenariat. Sans doute inspiré par les nombreux « self made men », ces remarquables américains qui ont bâti leur fortune en partant de rien, si ce n'est que quelques dollars et beaucoup de volonté! Vous avez encouragé les français à se lancer, à prendre des risques afin de développer leur potentiel. Grâce à vous, les jeunes peuvent créer leur entreprise dès l'âge de 16 ans! Faire confiance à la jeunesse, c'est s'assurer de la prospérité de la société. Après tout, si les jeunes de 16 ans sont jugés capables de répondre pénalement de leurs actes devant la loi, s'ils ont la possibilité de s'émanciper de leurs parents à ce même âge, pourquoi ne seraient-ils pas capables de bâtir une entreprise? Nous vous devons également une autre mesure essentielle, le statut d'auto-entrepreneur, faisant confiance à chaque français et laissant une occasion de réaliser, pour beaucoup, le rêve d'une vie: se mettre à son compte. En politique, aujourd'hui, il y a une crise de confiance, une sorte de rupture avec les français, qui n'existait pas lorsque que vous étiez au pouvoir. La preuve, grâce à votre politique d'entreprenariat, plus de 2,5 millions d'entreprises ont été crées en seulement cinq ans! C'est inimaginable, mais pourtant bien vrai. Cela montre que les Français seront toujours au rendez-vous lorsqu'il s'agira de les laisser exprimer leurs multiples talents!

Parallèlement, vous avez voulu donner aux jeunes toutes les armes nécessaires pour rentrer dans la vie active, devenue de plus en plus exigeante au fil des années. Tout commence à l'école maternelle! C'est chez les plus jeunes que vous avez commencé à lutter contre l'illettrisme. Carla, votre épouse, s'est également penchée sur ce problème, notamment par le biais de sa fondation. Vous avez instauré une aide personnalisée pour les enfants du primaire, du collège et du lycée, car vous avez toujours estimé que les élèves avaient tous besoin d'être écoutés et d'être guidés pour acquérir une méthode de travail. Pour les jeunes issus de quartiers sensibles, et ayant de modestes origines, mais ayant une soif d'apprendre, vous avez créé en 2008, les internats d'excellence, qui accueillent les « bons » élèves méritants et motivés, pour qu'ils puissent faire fructifier leurs intelligences dans de meilleures conditions. Mais, ne pensant pas qu'au meilleurs, vous avez désiré que tous les élèves lycéens puissent bénéficier d'une réforme totale de leurs cours, de leurs programmes et de l'organisation de leurs établissements, à tous les niveaux. J'ai d'ailleurs eu la chance d'en bénéficier depuis l'année de seconde. Elle prévoyait un encadrement personnalisé de deux heures par semaine, encadré par un professeur; la révision des programmes de toutes les matières; la possibilité de se spécialiser davantage, de changer plus facilement de filière par voies de passerelles ou encore d'offrir un suivi d'orientation pour s'apercevoir où en sont les projets de chaque élève.

Puis, vous avez réalisé la réforme d'autonomie des universités afin de leur accorder plus d'indépendance dans leur gestion. Concrètement, c'est grâce à cette réforme que certains lieux, tels que les bibliothèques, peuvent fermer plus tard afin que les étudiants, notamment ceux qui travaillent pour payer leurs études, puissent étudier. Mais cela a également permis de donner la possibilité aux universités de recruter des professeurs ou des intervenants prestigieux sans contrainte. Cette réforme s'est accompagnée de moyens sans précédent, près de 40 milliards d'euros auront été attribués pour qu'elles investissent en matière de recherche, pour qu'elles se réhabilitent matériellement et tout simplement pour qu'elles soient plus modernes et accueillantes. Enfin, les étudiants étaient au coeur de votre réforme, c'est d'ailleurs grâce à vous si les élèves boursiers perçoivent l'équivalent d'un dixième mois de bourse!

Aussi, vous avez créé une nouvelle classe dans les lycées professionnels, en supprimant deux autres années, ce qui a permis aux 500 000 élèves de cette filière, d'être plus rapidement insérés dans la vie active. D'ailleurs, à l'issue de leurs études, les étudiants des filières professionnelles ont plus de chance de trouver un emploi que ceux issus de la filière générale! Alors que l'on parle à tout va et promet de manière excessive au sujet du taux de chômage, notamment celui des jeunes, vous proposiez une solution durable, loin des insupportables euphémismes qu'emploient les membres de l'actuel gouvernement! Dans une interview au site Melty.fr le 14 avril 2012, vous déclariez ne pas comprendre "la fascination des familles pour la filière générale et le désintérêt pour les filières professionnelles", puis que "le défi pour les jeunes d'aujourd'hui, c'est la formation" et vous réaffirmiez votre attachement à un "droit à la formation à tout âge".

En effet, pour les salariés peu qualifiés qui ont tant de mal à retrouver un emploi après un licenciement souvent brutal parce que inattendu, vous avez réalisé une réforme de la formation professionnelle caractérisée par un accompagnement plus important pour les salariés licenciés et par l'accès à une formation continue afin de favoriser un futur reclassement. Il est d'ailleurs important de noter que les syndicats vous ont soutenu dans cette démarche.

Vous avez réalisé un réforme tant attendue, la fusion des Assedic et de l'ANPE, sans avoir perturbé l'organisation de ces deux structures, ce qui aurait eu des conséquences néfastes sur le taux de chômage. Cette réforme était nécessaire car elle a permis de rassembler l'organisme qui indemnise avec celui qui trouve des emplois.

Cette vision optimiste mais très réaliste fut un message d'espérance pour ces millions de salariés qui perdaient espoir par peur de ne pas pouvoir continuer à faire vivre leur famille à cause d'un licenciement dont ils ne sont en rien responsable! Ce que vous disiez était donc vrai. Vous l'avez tellement répété durant votre quinquennat, que personne ne pouvait se retenir d'arborer un sourire en entendant cette phrase: "A 55 ans, on n'est pas fichu!". Je dirais qu'à 59 ans non plus...

En ce qui concerne les enseignants, grâce à votre politique menée depuis 2007, et aux efforts fournis, le non-remplacement d'un fonctionnaire sur deux partant à la retraite a permis de réaliser des économies, dont vous avez, comme promis, reversé la moitié aux enseignants afin qu'ils gagnent en pouvoir d'achat.

De manière générale, vous avez fait confiance à l'ensemble des Français. Pendant 5 ans, et encore plus pendant la crise vous leur avez demandé des efforts, avec la certitude qu'ils comprendraient l'enjeu, et que leurs contributions allaient payer. Les résultats sont là. Durant votre quinquennat aucun fonctionnaire et aucun retraité n'aura vu son salaire ou sa pension diminuer, contrairement à tant d'autres pays que vous avez souvent cité, tels que l'Espagne, le Portugal ou encore l'Irlande. Bien sûr, il ne s'agit pas d'affirmer que la vie pendant les années de crise furent une merveille, ce serait trop indécent vis-à-vis des nombreux Français qui n'ont pas été épargnés, mais il est un fait que chacun doit admettre, c'est que notre pays a moins souffert que ses voisins européens, comme vous l'avez maintes fois rappelé, et ce, grâce à vos rapides décisions prises dès le début de la crise.

Une France plus rigoureuse et moderne

La modernité est aussi un mot qui vous caractérise et qui a rythmé votre mandat. En 2007, les Français ont sans aucun doute été très surpris de voir débarquer sur le perron de l'Elysée un Président sportif en polo, short et baskets! Cela annonçait déjà la façon dont vous alliez gérer la France, avec de la volonté, de l'effort, et le dépassement de soi afin d'atteindre la ligne d'arrivée.

Si il fallait évoquer une date qui a révélé la grandeur et l'importance de votre fonction, la journée du 22 juin 2009 serait sans doute le meilleur choix. Vous réunissiez l'Assemblée nationale et le Sénat dans la salle du congrès au château de Versailles pour annoncer de nouvelles priorités face à la crise par le lancement d'un "Grand emprunt". Cinq priorités avaient été énoncées par la commission que vous aviez créé, là encore sans esprit partisan, avec à sa tête Alain Juppé et Michel Rocard. La nécessité de miser sur le numérique, le développement durable, les filières industrielles et PME, la recherche et enfin l'enseignement supérieur et la formation. Ce fut un succès! C'est en grande partie grâce à ces investissements stratégiques que la France a retrouvé le chemin de la croissance. Mais c'est un investissement à long terme, qui, comme l'OCDE l'avait affirmé, doit permettre à notre pays d'atteindre une croissance de 3% en 2020. Toutefois, François Hollande est arrivé entre temps, ce qui menace cette perspective optimiste. C'est là que se trouve tout l'inconvénient du quinquennat, car un président oeuvre pour son pays mais ne verra la concrétisation de son action qu'une fois qu'il sera parti du 55 rue du Faubourg Saint-Honoré. C'est vrai pour le Grand Paris, c'est aussi vrai pour les fruits du Grand emprunt. Toutefois, cela pousse à une forte réactivité dans ce monde ou rien n'est acquis. Cette qualité, vous l'avez!

Vous avez également réalisé des économies sans précédent dans l'organisation de l'administration grâce à la politique du non-remplacement d'un fonctionnaire sur deux. Cela équivaut à 4 milliards d'euros d'économies par an, dont la moité est, comme promis, reversée aux fonctionnaires.

Parce que l'Etat ne pouvait plus vivre au-dessus de ses moyens, vous avez exigé un plan de redressement des déficits publics prévoyant de réduire les dépenses pour arriver enfin à l'équilibre des comptes en 2016, avec 115 milliards d'euros d'économies que vous aviez trouvé, financés uniquement par des réductions de dépenses. Un record! De plus, afin d'assurer les Français que vous alliez tenir cet engagement, vous avez voulu faire inscrire dans la constitution une « règle d'or », comme cela se fait dans de nombreux pays. Toutefois, alors qu'elle fut votée partout en Europe, par tous les bords politiques, le PS et les écologistes français ont refusé de la voter simplement parce qu'elle venait de vous! Ils ont donc préféré préserver leurs intérêts politiques, plutôt que celui de la France. C'est bien triste! Concernant la réduction des déficits, François Hollande, durant la campagne, n'avait trouvé que 29 milliards, financés à 90% par les impôts! On en voit aujourd'hui, le résultat désastreux sur notre pays!

Un Etat moderne est un Etat dans lequel les citoyens se sentent protégés et en sécurité. De 2002, jusqu'en 2012, vous avez été à la tête de l'Etat, dont deux fois au ministère de l'intérieur. C'est durant ces premières années que vous vous êtes distingué, par votre énergie et votre omniprésence sur le terrain. On disait d'ailleurs de vous que vous ne courriez pas derrière l'actualité, mais que vous la faisiez! « Agitation » pour certains,

« communication » pour d'autres. Qu'importe, car les résultats sont là! Votre politique a porté ses fruits. Vous avez été sur tous les fronts, aux cotés des forces de l'ordre par tous temps et en tous lieux. Vous avez voulu une collaboration, du moins un rapprochement entre les policiers et les gendarmes autour du ministère de l'intérieur, afin qu'ils soient plus efficaces dans leurs actions. Par cette collaboration, la présence des forces de l'ordre a sensiblement augmenté dans les « zones sensibles », mais aussi sur la voie publique en général.

Puis, lorsque vous avez été élu Président, vous avez continué cette politique, et aujourd'hui nous vous devons beaucoup car vos décisions ont contribué à nous garantir la sécurité. Pour notre protection, vous avez crée les peines plancher dès l'été 2007. Ces peines assurent une sanction minimale aux criminels pour qu'ils ne ressortent pas de prison avant la fin de la peine prévue et ainsi, pour éviter à terme, la récidive. Aussi, parce que la situation l'exigeait, vous avez construit près de 10 000 places de prisons en 5 ans. Cela n'a rien d'extraordinaire, mais trop souvent, la justice a oublié cet état de fait et a rendu ses jugements en fonction du nombre de places disponibles, alors que pour garantir la protection de notre société, il fallait faire l'inverse!

Toutes ces décisions en matière de sécurité prises durant ces 10 années ont été efficaces puisqu'elles ont permis une baisse de la délinquance générale de 18%! Et sur ce sujet, les chiffre valent cent fois mieux que de longs discours.

Pour ce qui concerne les forces de l'ordre, elles sont l'incarnation de l'Etat, s'attaquer à l'une d'entre elles, c'est attaquer la France. Si l'on s'attaque physiquement à son pays, c'est que l'on est pas digne d'en être le citoyen. S'attaquer aux forces de l'ordre quand on est de surcroît d'origine étrangère, c'est le signe que l'on ne respecte pas le fondement même des institutions françaises. Il est donc normal que l'on soit déchu de la nationalité française. Imaginerait-on un invité dans une famille qui manquerait ouvertement de respect envers ses hôtes être puni de la même manière qu'un enfant de cette même famille? C'est une véritable patriote pensée que vous développiez dans un discours prononcé à Grenoble le 30 juillet 2010. Les critiques ont fusé, mais peu importe qui ou quoi vous a inspiré ce discours, on ne peut vous contredire sur ces affirmations. Etre Français, cela se mérite, c'est là votre message.

Une toute autre réforme consacrant la modernité de notre Etat, la réforme territoriale, menée par le Ministre Alain Marleix. Notre pays fut modernisé géographiquement en simplifiant l'organisation des territoires. Parce que là encore, l'Etat ne peut exiger du contribuable qu'il fasse des effort, sans réduire lui-même son train de vie. Depuis les lois de décentralisation, de nombreuses prérogatives sont données aux départements et aux régions. Mais lorsque que l'on observe le peu d'intérêt des Français lors de élections régionales et cantonales, on est en droit de se demander si tout cette organisation, surnommé à juste titre "le mille-feuille territorial" est réellement utile. Conscient des réalités, vous avez désiré réduire par deux le nombre d'élus. L'Histoire a retenu la conséquence du référendum de 1969 plutôt qu'une des causes. N'oublions pas, qu'au-delà des bouleversements sociaux de l'époque c'est aussi la création des Régions et la suppression du Sénat qui posait problème. Mettons le Sénat à part. C'est un fait, bien qu'ils soient attachés à leurs coutumes locales, heureusement encore très présentes dans certaines régions, les Français ne se sentent pas moins éloignés des deux entités que représentent le département et la région, pourtant si proches dans l'action, mais si lointaines dans l'esprit. Il faut le reconnaître, la décentralisation a permis de rompre avec un certain jacobinisme qui pesait sur l'organisation de la vie publique française, mais il est aussi honnête d'admettre que certaines prérogatives pourraient être regroupées en une seule et même organisation, ou du moins, les réunir dans les mains d'un seul élu, ce qui éviterait de nombreux conflits qui entraveraient l'accomplissement d'une action rapide et coordonnée. Prenons l'exemple des compétences en matière scolaire. Les municipalités gèrent les écoles maternelles et primaires, les départements gèrent es collèges et les régions s'occupent des lycées. Pourquoi ne pas réunir ces prérogatives au sein d'un vaste "compétence en matière d'éducation"?

Plus de modernité, plus de simplicité pour plus d'efficacité, telle aurait pu être la devise de cette réforme. Oui, c'est en renouant avant tout avec leurs élus locaux que les Français retrouveront un goût plus prononcé pour la politique.

Enfin, l'impératif du numérique s'imposait à nous, le défi fut relevé! Comme dut le faire le Ministre Yves Guéna lorsqu'il arriva au ministère des Postes et télécommunications en 1967 où sa mission était d'équiper la France des moyens indispensables pour l'avenir, tel que le téléphone, la France du XXIe siècle doit être prête pour le numérique à l'heure de la mondialisation culturelle économique et technologique. Aujourd'hui, le défi est autre, mais le principe n'a, quant à lui, pas changé. En effet, équiper la France de la TNT ou encore équiper les foyers français de réseaux haut-débit pour un accès facilité à internet, ou encore l'accès à la 4G, cela fait aussi partie des enjeux majeurs du début de ce siècle. Aujourd'hui, la volonté de transparence et de coopération entre l'Etat et la société civile est telle que le terme "domaine public" reprend tout son sens. C'est pour cela que vous avez créé le site "data.gouv.fr" afin que les administrations, à toutes les échelles, puissent transmettre des données publiques aux Français, et que ceux-ci puissent les "enrichir, modifier, interpréter en vue de coproduire des informations d'intérêt général.", comme nous l'indique le site en question. Puis, vous vous êtes toujours prononcé pour le soutien à l'économie numérique, c'est pourquoi vous avez, dans la cadre des "investissements d'avenir", alloué plus de 4 milliards d'euros dans ce secteur qui est la filière la plus soutenue par société publique d'investissements "Oséo". C'est d'ailleurs vous qui créâtes cette banque "Oséo" pour soutenir essentiellement les petites et moyennes entreprises, notamment grâce à des financement visant au partage des risques financiers avec les entrepreneurs, ce qui fut d'un grand secours en période de crise.

Par ces mesures fortes et novatrices, vous avez préparé la France à entrer en ce monde nouveau dans lequel personne ne nous aurait attendu si vous n'aviez rien fait.

Une France plus protectrice

La France, le « pays droits de l'homme », a toujours été une terre attirante et accueillante. C'est un fait. Mais, aujourd'hui, elle traverse une grave crise culturelle, une crise d'identité. Le système laxiste du Xxe siècle concernant l'immigration y tient sans aucun doute une part importante de responsabilité. Pendant trop longtemps, on a fait croire aux immigrés qu'ils pouvaient s'installer avec leurs familles sans avoir de travail, donc sans ressources, sans parler notre langue, et surtout sans connaître l'Histoire de France. Ces immigrés ont été trompés, et les différents responsables politiques successifs sont eux aussi responsables de cette crise identitaire. Bien sûr, il ne s'agit pas d'avoir une vision manichéenne de la situation, car nombre d'entre eux sont parfaitement intégrés aux valeurs de la France. Toutefois, la situation économique et financière de la France ne permet plus de recevoir plus d'immigrés qu'elle ne le peut. C'est pourquoi vous considériez que c'était à la France de choisir qui entrera dans son territoire afin de n'accepter que les individus ayant des ressources et des potentiels qui accroîtront ses richesses. De surcroît, l'immigration est devenue un trafic lucratif organisé par des bandes « mafieuses » qui profitent de la misère de ces personnes. Ainsi, réagir avec fermeté c'est envoyer un message clair à ces trafiquants. Certes, on peut considérer cela comme une injustice, c'est pourquoi vous avez soutenu le co-développement pour continuer à aider les pays d'où sont originaires ces individus. Mais, la plus grande injustice dans ce cas, n'aurait-elle pas été de fermer les yeux, de faire comme si rien ne se passait, de mal accueillir des immigrés sans leur apprendre l'intégration, et avec le risque de laisser se dérouler des dérives communautaires qui sont un danger pour la pérennité d'une nation! Vous avez donc été conforme à votre raisonnement en allant chercher le problème à la source, c'est ainsi que plusieurs centaines de filières clandestines ont été démantelées sous votre quinquennat.

Aussi, vous vous êtes fortement engagé pour une immigration choisie plutôt que subie.

Parce que la France n'est pas Atlas, elle n'a pas vocation à assumer tous les problèmes qu'endurent tant d'autres peuples alors qu'elle n'est même pas toujours capable de s'occuper de sa propre population. C'est pourquoi vous avez stabilisé l'immigration régulière en la réduisant de près de la moitié depuis 2002.

En 2008, alors que vous assuriez la Présidence de l'Union européenne, vous avez impulsé une dynamique pour la signature d'un pacte interdisant les régularisations massives au sein des pays membres. C'est essentiellement grâce à cette

mesure que le taux de naturalisations a baissé de 30 % sur toute
la durée de votre mandat. Lorsqu'il arriva au Ministère de
l'Intérieur, Manuel Valls a fait l'exact contraire, non seulement
en se prononçant pour plus de naturalisations, mais surtout
pour des conditions plus souples lors des examens visant à
prétendre à la nationalité française.

Avec le cas de l'immigration, nous avons pu voir que la France
est solidaire, mais qu'elle exige en contrepartie des devoirs
pour le bien de tous. Il en va de même pour notre système de
retraites, par répartition. C'est le plus solidaire au monde! En
effet, ce ne sont pas les retraités qui payent eux-même leurs
retraites, mais les actifs qui contribuent à financer les pensions
des futurs retraités. En 2010, la « génération baby-boum »
arrivant à l'âge de la retraite, les actifs n'étaient pas assez
nombreux pour contribuer à la répartition, et une retraite sur
dix était financée par un emprunt. Le problème ne faisait
qu'émerger, vous auriez pu laisser ce cadeau empoisonné à
votre successeur, mais pourtant vous avez décidé d'agir pour
sauver ce système solidaire, au détriment de votre popularité.
De plus, nous étions en crise, c'est pourquoi si vous n'aviez pas
agit, la part de retraités dont les pensions étaient payées par un
emprunt aurait augmenté, puis un jour il aurait fallut baisser
ces pensions, ce qui leur aurait ôté du pouvoir d'achat, alors
que ces personnes ont travaillé toute leur vie. Vous n'avez pas
opté pour cette dernière proposition, vous avez donc décidé de
repousser l'âge légal de départ en retraite de 60 à 62 ans, tout
en prenant en compte les pénibilités, ce qui n'est pas excessif
sachant, d'une part que l'on vit plus longtemps, et d'autre part
que tous les autres pays européens étaient déjà passés à 65,
voire 67 ans!

Cette réforme hautement nécessaire, s'inscrivait déjà dans votre
logique d'action puisque vous vous étiez attaqué aux régimes

spéciaux des retraites dès votre arrivé à l'Elysée en 2007. Cela a permis de réajuster les retraites du public sur celles du privé, en mettant un terme à certains avantages hérités d'un autre temps et en exigeant 40 années de cotisations, contre les 37,5 antérieurs. Cela a permis de réaliser l'économie impressionnante de 500 millions par an dès sa mise en application en 2008. Sur ce point, force est de constater qu'alors que les socialistes s'étaient massés dans la rue pour protester contre cette réforme, elle semble aujourd'hui acquise par tous. Que de temps perdu...

Toujours sur le plan de la solidarité, vous avez toujours défendu le principe de dignité en fin de vie. Vous avez lancé un plan sans précédent pour encourager la recherche sur la maladie d'Alzheimer et accompagner les malades atteints de ce triste fléau à travers ses 44 mesures mises en place entre 2008 et 2012, financées grâce à 1,6 milliards d'euros injectés par l'Etat. Cette lutte contre la maladie d'Alzheimer vous a toujours tenu à coeur et ce n'est pas parce que vous n'êtes plus Président de la République que vous ne vous y êtes plus investi, preuve en est que vous êtes récemment rendu à Nice aux côtés de Madame Chirac pour inaugurer un centre de la Fondation Claude Pompidou pour les malades atteints de cette maladie. Vous avez également créé un plan Cancer, dans le même objectif, visant à mieux protéger et accompagner les malades.

Vous avez réalisé la grande réforme des hôpitaux et vous y avez instauré les Agences Régionales de Santé (ARS) pour assurer l'équité entre la médecine rurale et le médecine urbaine.

Vous avez lancé de nombreuses consultations concernant la dépendance en vue de réformer. Toutefois, vous n'avez, faute de temps, pas eu l'occasion de l'engager. Comme cette question dépasse les clivages, François Hollande s'est saisi de la question et prendra, sans doute, votre travail à son compte.

Concernant le handicap, l'Etat a donné des moyens considérables. Sur cinq ans, vous avez revalorisé l'allocation adulte handicapé de 25 %. Puis, un des points qui valut le célèbre "énervement" de Ségolène Royal lors du débat de l'entre-deux tours de 2007 était la question des enfants handicapés non-scolarisés. Cinq ans après, on ne peut que constater que vous avez honoré votre promesse en augmentant de plus de moitié le nombre d'élèves handicapés.

Parce que les retraités ont travaillé toute leur vie et méritent de ne pas subir les effets économiques conjoncturels, vous avez revalorisé le minimum vieillesse d'une moyenne de 40 euros par mois pour les retraités les plus modestes.

Sur la question de l'euthanasie vous avez toujours rappelé le droit à la vie comme fondement essentiel de l'existence, en promettant de ne pas toucher à ce précieux don afin ne pas bouleverser nos repères qui, eux, doivent rester immuables.

La question du logement est essentielle, et relève tout autant de la protection. Les médias ont fait le choix de retenir de votre relation avec les zones sensibles, uniquement le "Kärcher" ou la "racaille". Pourtant jamais un Président de la République n'a autant donné de moyens pour les quartiers sensibles! En dix ans, vous avez donné 45 milliards d'euros pour les banlieues, un record! Vous avez ainsi permis la plupart des réhabilitations d'immeubles, vous avez permis la mise en place d'un nouveau plan de rénovation urbaine. De même, c'est avant tout pour ouvrir les portes de la culture aux plus modestes que vous avez voulu la gratuité musées pour les moins de 26 ans. Lors de votre dernière campagne, vous déclariez qu'il y a "ceux qui parlent de la misère, ceux qui l'exploitent et ceux qui s'engagent pour qu'il n'y ait plus de ghettos.", on sait maintenant dans quelle catégorie vous vous situez.

L'accession à la propriété est une des plus grandes aspirations des Français, c'est pourquoi vous avez lancé le PTZ+ visant à donner cette possibilité aux Français de devenir propriétaires en empruntant à taux 0. En 2012, plus de 300 000 Français y avaient déjà souscrit. Un record!

Lorsque vous étiez jeune, vous avez travaillé pour financer vos études, vous l'avez souvent rappelé. Que ce soit en tant que jardinier ou comme glacier, vous avez cultivé le goût pour le travail, ce qui renforce votre légitimité à parler du labeur comme une valeur. Si, dès l'été 2007, vous avez défiscalisé le travail étudiant, conformément à vos engagements, c'est parce que vous savez les efforts que cela représente, et surtout parce que vous tenez en haute estime ceux qui souhaitent réussir.

Mais il est une autre protection, plus culturelle et qui nous empêche d'oublier une partie de notre Histoire. Le devoir de mémoire des guerres qu'a enduré la France est l'incontournable condition au sentiment d'appartenance à la nation française. Nier ce lien presque spirituel qu'il existe entre ces courageux soldats qui sont partis pour notre liberté afin de faire triompher un idéal de valeurs, c'est oublier une partie de l'Histoire. Cependant, les fréquentations lors commémorations se réduisent chaque année, le dernier poilu français étant mort en 2008 cela creuse l'écart, et par conséquent réduit l'intérêt pour les 3 générations qui se sont succédé depuis 1950. Ces 3 générations ont la particularité d'avoir toujours connu la paix en Europe et ne comprennent donc pas qu'on leur parle sans cesse des conflits qui nous ont tant divisé. Toutefois, comme l'écrivait Fernand Braudel "Il faut savoir d'où l'on vient pour savoir où l'on va". Alors, tout en étant conscient que 1914-1918 parait si loin pour les Français et afin d'éviter qu'ils désertent ces cérémonies dans une vingtaine d'années, vous avez eu l'idée de faire du 11 novembre, originairement date de l'Armistice de 1918, un jour de commémoration dédié à tous les morts pour la France.

Toujours dans ce même esprit, témoignant du respect que vous portez à ceux qui ont défendu les valeurs que véhicule notre pays, vous avez augmenté d'un tiers les pensions des anciens combattants.

Enfin, vous avez réformé une institution qui est au coeur de tout Etat démocratique. Cette institution, le peuple Français peut y être confronté, le peuple Français peut en bénéficier, et surtout chaque décision qui y est prise est rendue en son nom. Cette haute instance est la Justice. Souvent critiquée pour sa lenteur, sa trop grande clémence avec les délinquants, et même parfois pour son manque d'indépendance, l'image que les français ont d'elle est désastreuse. Il y a donc un gigantesque écart entre la justice rendue au nom des français et le désaveu qu'ils éprouvent à son égard. En 2017, je suis convaincu qu'un des enjeux majeurs de la campagne sera de retisser les liens entre le peuple et la Justice. Ce sujet sera abordé, non pas à cause de vos prétendues "affaires", dont personne ne peut imaginer qu'il n'y ait d'acharnement envers vous qui représentez un danger pour la gauche, mais bel et bien à cause de cette confiance rompue entre un peuple et ses juridictions. Alors il vous faudra donner des gages aux français, mais sans le risque de tomber dans la démagogie. Donc, pourquoi ne par

faire une proposition "choc" en remplaçant le Ministre de la
Justice par un ministre qui porterait toujours le titre de Garde
des Sceaux puisqu'il sera toujours l'un des principaux garants
de la Constitution, mais que l'on nommerait "Procureur
Général de la République française" car son rôle serait
d'administrer et de conduire une politique pénale pour cinq ans.
Jusque là rien ne change sauf le nom, mais si l'on ajoute à cela
le fait qu'il serait un ministre "hors cadre", qu'il ne fasse par
conséquent, pas partie du gouvernement mais qu'il soit nommé
pour 5 ans par le Président de la République et que cette
nomination fasse l'objet d'un vote d'approbation ou de refus par
l'Assemblée nationale, sa légitimité en sera renforcée d'une
part, et d'autre part, les Français n'auraient plus ce sentiment
que le principe de séparation des pouvoirs n'est plus respecté.

Un développement durable

L'une de vos premières mesures en tant que Président de la
République fut un geste fort de concertation puis d'action. Loin
d'ignorer le Pacte écologique proposé par Nicolas Hulot que
vous aviez signé quelques mois plus tôt, vous prépariez les
mesures qui allaient tenter de résoudre un des enjeux majeurs
du XXIe siècle, l'environnement. Le Grenelle de
l'environnement que vous avez lancé dès votre arrivée en 2007
s'inscrit dans cette lignée. Ce grande réunion inédite a permis
de sensibiliser nos compatriotes et de prendre en compte
l'environnement dans l'ensemble de l'administration française
ainsi que dans les politiques publiques. C'est grâce au Grenelle
que 2 000 kilomètres de lignes de trains à grande vitesse ont été
financées, que le transport fluvial a été développé et l'utilisation
des énergies renouvelables encouragées, notamment par les
panneaux photovoltaïques.

Loin de diviser nos compatriotes autant qu'en Allemagne, le

nucléaire n'est, en France, pas un débat. Les Français ont compris que nos centrales sont modernes, sécurisées, et surtout qu'elles sont la condition même à notre vie quotidienne, représentant plus de 75% de la production totale d'électricité française. Ceux qui prétendent que les centrales françaises développent les mêmes risques qu'en Asie se trompent, car nos centrales sont sécurisées. C'est d'ailleurs le verdict qu'a rendu l'Agence de sûreté des centrales nucléaires.

Aussi, vous avez toujours considéré l'agriculture comme une richesse pour la France.

Vous avez bâti 500 pôles d'excellence rurale pour maintenir des emplois ruraux afin que les habitants de la campagne bénéficient des mêmes services de l'Etat que les citadins.

Vous y avez maintenu les transports, les postes et des écoles pour lutter contre les inégalités territoriales.

Vous avez défendu l'environnement, spécialement auprès de l'Union européenne, en exigeant la réduction de moitié de l'utilisation de pesticides d'ici à 2018.

Vous avez mis en place le "plan pêche" avec un fond de 310 millions d'euros pour garantir la compétitivité de ce secteur et la préservation des fonds marins, alors menacés.

Enfin, pendant cinq ans, vous avez défendu bec et ongles le maintien des budgets annuels de la politique agricole commune (PAC). En effet, la PAC est une des rares politiques communes à toute l'Union européenne, ce qui est un signe encourageant pour l'unité de l'Europe, mais déplorable en ce sens où il faut sans cesse plaider la cause de son pays afin d'obtenir une harmonisation des objectifs comme des subventions, car la France, ce n'est pas la Bulgarie !

Parmi les principales avancées qu'amena l'Empire romain lorsqu'il conquît la Gaule peu avant notre ère, se trouve la route. En effet, les routes pavées révolutionnèrent tout le territoire fédéré de l'époque, tant à un niveau pratique, qu'en matière d'économie où le commerce se développpa alors à une vitesse considérable. Ce fut la porte ouverte aux premières collaborations transfrontalières, le début de l'import-export. Lorsque le train apparu au XIXe siècle au à l'aube de la révolution industrielle, cette invention ne tarda pas à se rendre indispensable tant pour le transport humain que de marchandises pour devenir aujourd'hui un enjeu essentiel pour lutter contre les inégalités territoriales grâce, notamment au train à grande vitesse. De même, lorsque la voiture fut inventée elle devint immédiatement le moyen privilégié des particuliers. L'omnibus, comme on disait au début du siècle dernier, ou encore l'avion, permirent d'assurer un transport moins coûteux et de développer le transport collectif. Ces avancées, pourtant majeures dans nos sociétés, nous apparaissent comme normales, alors qu'elles sont plus que révolutionnaires. Sous votre quinquennat, six lignes à grande vitesse ont été lancées, dont deux ont déjà été réalisées.

C'est devenu comme une tradition, chaque Président de la République laisse aux Français un projet d'envergure qui traversera les âges et contribuera à sa postérité. Jacques Chirac n'a-t-il pas laissé en héritage le musée du quai Branly, François Mitterrand n'a-t-il pas fait construire l'arche de la Défense, bâtiment situé dans l'axe de l'arc de triomphe, lui-même construit par Napoléon Ier, lieu incontournable pour les millions de touristes étrangers qui se pressent de visiter l'une des plus belles capitales au monde? Georges Pompidou n'a-t-il pas laissé un musée d'Art moderne? Enfin, le Général de Gaulle n'a-t-il pas laissé la Constitution de la Ve République qui perdure encore de nos jours avec 55 années à son actif?

Malgré le fait que la majorité du temps de votre quinquennat fut consacrée à limiter les effets de la crise dans la vie de nos compatriotes, vous avez commencé à entreprendre une oeuvre considérable qui n'est ni un monument, ni un lieu perceptible montrant votre grandeur, mais un projet ambitieux qui contribuera à lutter contre les inégalités territoriales, notamment entre la capitale et les grandes villes de province qui au lieu d'en bénéficier, subissent leur proximité avec Paris. C'est ainsi que vous avez posé les bases du Grand Paris. Le Grand Paris permettra de créer un réseau de transport plus performant et plus rapide, ce qui aura pour conséquence directe, la réduction du temps des migrations pendulaires.

Contrairement à ce que laisse entendre la presse, les "experts", et même les politiques, le "développement" durable s'articule autour de 3 principaux axes, l'écologie n'étant que l'un des trois. Ainsi, tout investissement d'avenir contribue en un développement économique, social ou environnemental durable. Par votre politique d'investissements d'avenir qui a investi tous ces secteurs, on ne peut que constater que toute votre politique s'inscrit dans un développement durable.

La grandeur de la France

"La France est grande", clamiez-vous haut et fort au grand meeting de Villepinte. C'est la vérité, depuis des siècles, notre pays a dominé l'Europe par son influence culturelle, comme religieuse. D'ailleurs, la culture française s'est elle-même formée par la foi. N'est-ce pas lors du baptême de Clovis qui marqua le début de notre Histoire, avec la Sainte-Ampoule qui fut apportée par une colombe, récipient dans lequel tous nos rois furent sacrés et eurent ainsi le pouvoir de thaumaturgie? Que l'on croit ou non, le passé par l'Histoire, le présent grâce aux multiples héritages et enfin le futur qu'il nous reste à construire, sont indissociables de nos racines judéo-chrétiennes et particulièrement de la Religion catholique. Vous êtes un des seul Présidents à vous être déplacé à Rome pour prendre officiellement votre titre de chanoine d'honneur de la Basilique Saint-Jean-de-Latran, titre accordé aux Chefs d'Etat français depuis plus de 500 ans. Lors de cette cérémonie d'intronisation, vous avez prononcé un discours d'une grande lucidité, qui fut injustement à l'origine de critiques infondées de la part de manipulateurs qui n'ont même pas connaissance du mot "laïcité" qui est avant tout un concept chrétien. (mot qu'ils emploient d'ailleurs à tout bout de champ.) Les médias ne retinrent uniquement "l'instituteur ne pourra jamais remplacer le curé ou le pasteur", isolant ainsi le reste de votre phrase. En effet, vous disiez que "dans la transmission des valeurs et dans l'apprentissage de la différence entre le bien et le mal, l'instituteur ne pourra jamais remplacer le curé ou le pasteur". Le coeur de votre message était là, nulle société ne doit négliger les bienfaits des valeurs morales. Nier notre passé commun, c'est renoncer à notre identité.

Aujourd'hui la France paraît pour certains comme faible face à l'Europe. Pourtant, l'Europe est scellée au destin de la France. L'Histoire de ce grand continent s'est formée à travers les guerres. Par l'habile jeu des alliances, nos ennemis d'un jour, d'un an, d'un siècle furent nos amis d'un autre jour. Désormais, nous ne pouvons plus déplorer d'état de guerre entre nos différents pays. Donc, au-delà des divergences économiques et culturelles, si nous devions retenir et conserver une prouesse diplomatique, ce serait la paix.

Ce message, cela fait des années que tous les politiciens pro-européens le répètent sans cesse et les jeunes générations peuvent parfois s'en lasser. S'en lasser parce que l'Europe a tellement investi des domaines jusque-là réservés aux Etats, allant même jusqu'à régler la taille des étiquettes énergétiques, la taille des bananes ou encore imposer un contenant réglementaire des bouteilles d'huile dans les restaurants! S'en lasser, parce qu'une certaine auto-suffisance s'est installée et a conduit à un certain immobilisme alors que la situation exige des actes forts, notamment sur la question de Schengen dont vous aviez montré les dérives trop laxistes lors du grand meeting de Villepinte en mars 2012. Enfin s'en lasser parce qu'ils ont une impression d'impuissance croissante. Une impuissance puisque l'élection des députés au suffrage universel ne conduit pas le Parlement à décider seul de la législation de l'Union européenne. Pourquoi les chefs d'Etats européens ne s'engagent-ils pas pour replacer le Parlement au centre des institutions? Mais ce sentiment d'impuissance provient aussi sans doute du manque de clarté des institutions européennes. En effet, quel citoyen sait faire la différence entre le Conseil des ministres, le Conseil de l'Union européenne et le Conseil de l'Europe?

De surcroît, le manque de charisme de l'exécutif accroît ce sentiment d'une France qui peine à convaincre ses partenaires et qui est écrasée par l'Europe. En 2009, lors des élections européennes, vous aviez réussi à souder toute votre majorité du centre à la droite, et le Front national n'était qu'à 6 %. Aujourd'hui, le Président de la République a hérité de l'une des majorités les plus divisées de l'Histoire de la Ve République, et la conséquence directe lorsque l'opposition n'est pas unie, c'est que tous les sondages, pour n'importe quelle élection donne le Front national vainqueur. Lorsque la France n'est pas forte, le peuple perd sa fierté.

S'il est une chose sur laquelle vos soutiens comme vos

adversaires honnêtes s'accordent, c'est l'énergie que vous avez
employé sur la scène internationale.

Vous fîtes un grand Président de l'Union européenne. Qui n'a
pas encore à l'esprit votre implication pour la paix en Géorgie ?
La deuxième guerre d'Ossétie du sud avait débuté, et contre
tous les avis de vos principaux partenaires, vous êtes
directement allé négocié avec Vladimir Poutine et avez plaidé
pour un cessez le feu immédiat. Vous l'avez obtenu et vous
avez sauvé la vie de milliers de géorgiens, comme de russes!

Vous avez réintégré la France dans le commandement intégré
de l'OTAN afin que la France recouvre la digne place qui est la
sienne à l'international. Beaucoup vous ont critiqué en disant
que vous n'étiez pas digne du Gaullisme. Il est un fait qu'ils
avaient omis, c'est qu'à l'époque du Général la France pesait,
mais lorsque vous arrivâtes en ce mois de mai 2007, la France
était abîmée par trente ans d'immobilisme et, par conséquent,
une chaise vide en 1965 et une chaise vide en 2005, cela n'avait
pas le même sens. Toutefois, vous avez, par votre charisme
hors du commun, porté les intérêts de de la France et vous lui
avez permis de réaffirmer sa puissance.

En effet, vous n'aviez aucun problème de leadership, organisant
autour de vous un G3 à Deauville, ou encore un G4 à Paris au
lendemain du début de la crise des subprimes afin de répondre
plus rapidement aux enjeux internationaux. De même, lorsque
la Présidence du G8 vous est revenue, vous avez permis
d'impulser une dynamique avec vos homologues afin de sauver
la Grèce de la faillite, l'Italie de la crise de la dette, ou encore
nous-mêmes de la zone euro. Toutes ses nuits passées à
Bruxelles n'ont pas été vaines, nous vous devons tant!

Enfin, votre réussite en matière internationale s'est appuyé sur
le pilier que représente le couple Franco-Allemand. Oui, la

forte entente entre les deux pays les deux premières puissances européennes est la condition même à la réussite de l'Europe. Comment ne pas imaginer la tristesse que vous devez éprouver face à l'actuelle désunion entre les deux moteurs économiques de notre continent?

Alors que d'éminents spécialistes du monde international tels que Zbigniew Brzeziński ou Niall Ferguson prônaient un monde bipolaire doté d'une gouvernance exclusivement répartie entre les Etats-Unis et la Chine (G2), vous vous êtes battus pour protéger les intérêts de la France, mais surtout pour protéger les intérêts de la démocratie. En effet, vous avez mis toute votre énergie avec le premier ministre anglais de l'époque, Gordon Brown, pour créer un sommet réunissant non pas les deux ou même les huit plus grands pays au monde, mais les 19. Ce sommet, tout le monde le connait, il s'agit du G20. Cependant, on ignore que sans vous, ce projet n'aurait sans doute jamais vu le jour. Vous avez défendu les intérêts des 19 premiers pays au monde face aux géants sino-américains. La France est la cinquième puissance économique mondiale. Vous n'étiez pas obligé de penser aux autres puissances puisque nous aurions eu quoiqu'il en soit une place prépondérante dans les discussions internationales, pourtant, vous vous êtes fait l'apôtre de la démocratie en défendant l'Europe. Grâce à vous, la démocratie dans le monde qui était menacée fut restaurée! Les commentateurs diront que vous l'avez fait parce que la France ferait justement partie de ces 19 premiers pays dans une vingtaine d'années. Si nous admettions que cela soit vrai, vous ne seriez donc plus un héros, mais un visionnaire. Dans les deux situations, vous disposez de qualités que beaucoup vous envieraient, de plus, la France en sort grandie.

Parce que le processus de Barcelone, partenariat entre l'Europe et les pays bordant la Méditerranée, commençait à perdre de ses effets, vous avez créé l'Union pour la Méditerranée. Vous avez pris cette initiative, seul, en tant que Président de l'union européenne. Mais ce n'était que la concrétisation de votre ambition pour cette nouvelle union que vous aviez déjà développé pendant votre campagne de 2007. Vous avez rassemblé 43 pays derrière votre idée et avez défini six axes majeurs: La dépollution de la Méditerranée, les autoroutes de la mer et les autoroutes terrestres, la protection civile, les énergies renouvelables, l'enseignement supérieur et la recherche, et l'initiative méditerranéenne de développement des entreprises. Elle aide au co-développement, protège la paix entre les membres et vise à financer des projets concrets pour les populations méditerranéennes. Toutefois, les "printemps arabes" ont nuancé ce qui aurait pu être une véritable alliance économique et culturelle intercontinentale, mais cette institution a trop peu d'années pour que l'on puisse faire un bilan objectif.

Votre volontarisme vous a souvent conduit à des victoires diplomatiques qui favorisent les rares moments d'unité nationale. Durant votre mandat, les infirmières bulgares, Ingrid Betancourt, Stéphane Taponier, Hervé Ghesquiere ont été libérés. Puis, en 2013, après votre combat contre la Justice mexicaine qui dura des années, Florence Cassez a, elle aussi, été libérée.

Au-delà des actes, on retient surtout de votre omniprésence sur la scène internationale, un sentiment. Le sentiment que la France a pesé dans les discussions entre les grands acteurs de ce monde, et surtout le sentiment qu'elle a eu, pendant 5 ans, un "ambassadeur" digne de la cinquième puissance mondiale.

Dans les pas de...

La comparaison pourra paraître hasardeuse, insultante ou choquante pour certains, mais c'est sans aucune flagornerie, simplement en observant les hasards de l'Histoire que je peux dire qu'il y a en vous du Louis XIV!

En effet, lorsque vous aviez 13 ans, n'avez-vous pas connu les terribles désordres causés par les manifestations de mai 1968, avec à leur tête, la future élite intellectuelle du pays, à l'origine des désordres sociétaux et des remises en cause de la morale universelle, plus connus sous le nom de "bobos"? 300 ans plus tôt, Louis-Dieudonné, futur Louis XIV, était le témoin d'une révolte d'aristocrates avides de pouvoir, la célèbre Fronde. C'est à cause des ambitieux frondeurs que l'unité de la France fut menacée, car ils remettaient en cause l'autorité incarnée à l'époque par le roi. La "Fronde Parlementaire" se caractérisa par des systématiques refus des officiers de Parlements d'enregistrer les édits provenant de la couronne. Après ce refus, une procédure, sans doute extrêmement bien connue de l'étudiant en Droit que vous fîtes, se met en place. Les Parlements adressent une remontrance au roi, puis si le roi, personnification de la Justice, refuse de retirer son ordonnance ou son édit, il adresse au Parlement en question, une lettre de jussion, dans laquelle il leur demande expressément d'enregistrer le texte dont il est l'auteur, puis en cas de nouveau refus, des itératives remontrances seront envoyées au roi et ce n'est qu'en se déplaçant personnellement au Parlement que le roi pourra les contraindre à enregistrer sa loi. C'est ce qui gâchera le règne de Louis XV et causera, en partie, la perte de Louis XVI. Ces événements marquants dans la vie d'un adolescent formèrent un prince qui devint un grand roi! Les bouleversements subis en mai 1968, quant à eux, vous forgèrent dans votre engagement politique. D'ailleurs, durant tout votre quinquennat, bien qu'il y ait eu de nombreuses contestations syndicales face à vos réformes, toutes passèrent sans aucune violence. Peut-être que le souvenir des scènes de mai 1968 vous guida et vous obligea durant toute votre carrière à toujours chercher la conciliation et le dialogue.

Autre trait de caractère que vous partagez avec Louis Le Grand, la volonté d'agir seul. "...je gouvernerai par moi-même, et je ne prendrai pas de premier ministre" déclara le roi Louis, quatorzième du nom, à ses ministres au lendemain de la mort de celui qui fut Principal Ministre de son père Louis XIII, le cardinal Mazarin. C'était la condition pour imposer son emprunte indélébile dans l'Histoire, à travers les Arts et la culture, qui font encore aujourd'hui le rayonnement de la France à travers le monde. Il laissa ainsi en héritage d'illustres lieux tel que l'Hôtel des Invalides, construit pour soulager les militaires blessés par les guerres, mais aussi les Champs-Elysées, la Place Vendôme ou encore la Comédie-Française et bien-sûr le Château de Versailles. Tant de lieux qui font encore vivre la fierté d'appartenir à ce grand pays, la France. Ce que le peuple retient avant tout, ce sont les grandes constructions laissées en héritage par leurs dirigeants. Malgré 4 ans passés à sortir la France de la crise, vous vous êtes consacré pleinement au projet du "Grand Paris" dont la principale vocation, à l'aube du XXIe siècle, est d'améliorer les conditions de vie des franciliens et d'assurer une "égalité des chances" géographique aux habitants du bassin parisien et au-delà.

Louis XIV fut aussi un roi novateur car il nomma de nombreux conseillers et certains ministres issus de la bourgeoisie, et non de la noblesse. A l'époque, cet acte était audacieux. Ne serait-ce pas ce que l'on appellerait aujourd'hui de "l'ouverture"?

Le Roi-Soleil, dont l'esprit visionnaire est unanimement reconnu, n'avait pas peur de bousculer la coutume pour réformer le Royaume. En effet, il fallait avoir un certain cran pour réunifier en plein milieu du XVIIe siècle l'une des branches essentielles d'un Etat; la Justice. C'est ainsi que fut mis en place le célèbre "Code Louis" qui obligea la tenue de "registres paroissiaux d'état civil" afin de recenser la population. Ce texte réforma de manière inédite le droit français par un équilibre certain entre les coutumes variables selon les régions et le pouvoir central en matière de Justice, caractérisé en sa propre personne. Toutefois, ce texte ne fut que peu appliqué car les esprits conservateurs l'emportèrent à l'époque. Il faudra attendre le XIXe siècle pour que Napoléon reprenne pour modèle ce recueil. Tout comme aujourd'hui, les réformes courageuses passent mal, et l'on s'aperçoit quelques années après qu'elles étaient finalement nécessaires. J'en veux pour preuve qu'aujourd'hui, plus personne ne remettrait en cause cette unification de la justice sur tout le territoire français, comme le voulait Louis XIV. Le temps rétablit les grand hommes!

Au fond, ce que la sagesse populaire retiendra de ce grand roi, c'est la magnificence de son règne par le rayonnement économique, diplomatique, juridique et au fil des âges, culturel de la France. Louis XIV était présent en chaque domaine, du simple "passeport" à signer jusqu'aux grands traités internationaux, il sera le roi qui marquera l'apogée de l'absoluité monarchique. Nullement las d'agir, une phrase tirée de ses mémoires, consacre son tempérament, "Le travail n'épouvante que les âmes faibles". Encore un point commun avec vous !

Enfin, un autre chef d'Etat bien différent de Louis XIV, quoique il soit de noble ascendance puisqu'il descend tout de même de Louis XV, su montrer ses talents et imposer sa vision d'une France qui devait s'ouvrir vers l'ère de la modernité. Vous ne lui ressemblez aucunement d'un point de vue stylistique, mais on distingue chez lui comme chez vous une volonté commune de rompre avec un ancien temps. D'ailleurs, vous partagez de surcroît, une malheureuse expérience, celle d'avoir exercé la fonction de Président de la République sans en être reconduit, à cause d'une courte défaite. Vous l'aurez compris, j'évoque, bien sûr le 20e Président de la République française, Valéry Giscard d'Estaing.

Les caricaturistes ne retiennent de lui que l'affaire des "diamants de Bokassa", pourtant, nous lui devons la majorité à 18 ans; le droit pour soixante parlementaires de déférer une lois au Conseil constitutionnel; l'arrêt des écoutes téléphoniques; la fin du musellement des médias; la fin de la censure politique dans les films; l'augmentation du minimum vieillesse; la durée du travail à 50 heures au lieu de 54 heures; l'âge de la retraite à 60 ans pour les travailleurs manuels; les réformes de l'industrie; l'humanisation des conditions pénitentiaires ou encore le financement plus conséquent des collectivités territoriales.

Il a aussi été victime d'une injustice, il fut incompris, et lui aussi, l'Histoire le rétablira.

Le même triste sort vous est donc arrivé, de nombreux hommes politiques ambitieux voulurent lui barrer la route, mais vous avez la chance de bénéficier d'un immense soutien populaire, de nombreux groupes et associations s'amassent derrière votre nom pour vous supplier de revenir. Cet enthousiasme inédit dans l'Histoire politique française manifeste une aspiration et l'amour d'un peuple pour son pays qui doit impulser un nouveau sursaut de confiance, de passion et d'espérance pour renouer avec l'action politique. C'est un défi propre au XXIe siècle que de nombreux Français attendent que vous releviez!

La France forte

La campagne présidentielle a véritablement commencé avec "l'affaire Dominique Strauss-Kahn". En effet, cet épisode

honteux pour le parti socialiste et pour l'image de la France a
sonné le début des hostilités au sein du parti socialiste qui allait
organiser pour la première fois des primaires ouvertes. La
gauche a ainsi mobilisé le champ médiatique pendant les quatre
derniers mois de l'année 2011, et ce malgré le fait que ce ne fut
que l'ostension des divisions au sein du PS. La gauche,
contrairement à la droite, sait toujours s'unir presque
instinctivement en mettant les querelles personnelles ou même
idéologiques entre parenthèses afin de parvenir à leur ultime
visée, le pouvoir. Les sympathiques politesses telles que la
"fraise des bois" ou encore la "gauche molle" disparurent pour
laisser place à une façade d'union de la gauche. C'est dans ce
contexte que s'est présenté François Hollande au Bourget.
Outre le fait qu'il se soit trompé de Shakespeare, citant
Nicholas au lieu de William, l'ancien candidat socialiste a
distribué les cadeaux électoraux insensés comme l'embauche
de 60 000 nouveaux fonctionnaires dans l'éducation nationale.
Mais le trait le plus important de sa personnalité, certes, très
joviale, fut révélé lorsqu'il fustigea la finance alors que
quelques jours plus tard au Royaume-Uni devant un parterre de
financiers il déclarait être libéral. Le double discours est bel et
bien ce qui marqua la campagne, lui permettant de plaire un
temps à tout le monde, mais pas de gouverner une nation.

En réplique à cette offensive, un congres de l'UMP avait lieu
Porte de Versailles, le 28 janvier, jour de votre anniversaire.
Cela a donné l'image d'une majorité unie derrière un
programme et bientôt derrière un homme.

Le suspense était à son comble et devenait de plus en plus
insupportable pour les médias. Lors d'un déplacement de
soutien à la filière industrielle le 14 février, les journalistes
n'avaient pas posé une seule question sur le thème de

l'industrie, préférant vous demander "Etes-vous candidat?".
Vous leur aviez répondu "Demandez aux gendarmes", en
montrant du doigt les forces de l'ordre venues pour couvrir
l'événement. Avec humour, vous leur rappeliez que ce ne sont
pas eux qui font l'actualité.

Puis, le lendemain, vous vous portiez officiellement candidat
au 20h de TF1, rappelant qu'il était de votre devoir de vous
présenter et que vous ne pouviez pas abandonner les Français.

Le top départ était lancé pour deux mois de campagne
passionnants à la rencontre des français. A chacun de vos
déplacements, la ferveur était à son comble, on sentait le poids
des responsabilités sur vos épaules et on ne pouvait que vous
applaudir au sujet de votre expérience. Vous vous êtes battus
pour une France forte qui maîtrise ses frontières en Europe,
pour une France forte qui se protège de l'immigration, une
France forte qui ne donne pas d'excuses aux récidivistes, une
France forte qui récompense ceux qui travaillent, qui replace
l'autorité et l'école au coeur des valeurs de la France, une
France forte qui a fera le choix de "l'excellence face à la
fatalité", une France forte qui s'occupe des jeunes par la
formation professionnelle, et enfin, une France forte qui fait
confiance aux Français.

François Hollande, de son côté, peinait à construire sa stature
internationale. Malgré les sondages qui le donnaient vainqueur,
aucun dirigeant européen ne souhaitait le rencontrer, c'est vous
dire son charisme! Il dut aller jusqu'en Pologne pour qu'on
l'écoute, et ce n'est même pas le Président qui l'a reçu, mais le
Premier Ministre!

Mais rien n'y fit. Le temps de parole donné à tous les candidats
de manière égalitaire considérant ainsi que vous valiez autant
que quelqu'un qui fait 1 %. C'est ce qui vous fit perdre des

points dans les sondages. Toutefois, Le problème que vous dûtes endurer fut un problème de posture.

En effet, l'une des principales caractéristiques du politique est de rassurer l'opinion. A l'inverse de l'intellectuel qui, lui, dénonce pour provoquer les consciences. En effet, Etienne de La Boetie, illustre poète du XVIe siècle, dans son "discours sur la servitude volontaire" ne dénonce-t-il pas le penchant pour l'homme vers la sacralisation de l'habitude, ce qui le conduit à renoncer à sa liberté en servant les intérêts de ce celui qu'il appelle le "Tyran"? Machiavel ne dresse-t-il pas le "mode d'emploi" pour être un prince pragmatique? Montesquieu de dénonce-t-il pas les excès du pouvoir? Hannah Arendt, ne dénonce-t-elle la "banalité du mal"?

Le politique quant à lui a toujours tenté de trouver la solution aux problèmes dénoncés par les penseurs, les philosophes. C'est une coexistence séculaire entre le sage qui apporte une pensée et l'acteur qui tente par tous les moyens de répondre aux aspirations des époques. Lorsque l'un empiète sur l'autre, il peut alors paraître comme étant hors de son rôle. Lors de la campagne, vous avez dit en toute conscience la vérité aux Français adoptant ainsi une posture intellectuelle plutôt que politique, c'est là votre erreur, même si à mon sens, vous avez eu raison de "casser les codes", comme le dit souvent votre fidèle ami Frédéric Lefebvre. Les crises que la France endura depuis 2008 ont changé la donne. Personne ne pouvait prévoir leur violence, personne ne pouvait prédire leurs conséquences. Vous avez du commenter les causes et les effets de cette crise, dénonçant ainsi le "capitalisme devenu fou" lors d'une interview à New-York, ou encore la nécessité pour les Etats d'équilibrer leurs comptes en rendant obligatoire, l'instauration d'une "règle d'or" dans notre Constitution. Ce fut malheureusement un échec en France, car vous n'avez pas disposé de la majorité suffisante pour faire voter ce projet, ce qui ne vous empêcha tout de même pas d'adopter en 2011 le

premier budget en équilibre depuis la fin de la deuxième
Guerre Mondiale.

Mais, l'enseignement que nous devons tirer de cette campagne,
c'est avant tout la montée du Front National. C'est bel et bien le
Front National qui vous a fait perdre cette élection en donnant
ses voix au parti socialiste. Le FN est un parti qui a toujours su
faire parler de lui. Constamment à l'affût de la moindre faille
du « système », il a su se hisser au rang d'opposant pour
s'ériger, au fil des années en contre-pouvoir. Jean-Marie le Pen
en est la figure incontournable. Il avait une ligne idéologique
claire (la « défense de l'Etat souverain » face au « diktat
européen », ainsi que la « défense de l'identité française »
remise en cause par un « modèle multiculturaliste américain »
qui n'a jamais su s'appliquer en France) qui, on le comprend
aisément, pouvait plaire à un certain nombre de Français.
Toutefois, ses idées qui auraient pu l'amener à débattre comme
toute autre organisation politique ont toujours été contrastées
par ses extravagances verbales. Pendant plus de trente ans, le
Front National s'est bâtit une réputation qui l'a conduit hors des
ors de la République. Mais depuis le matin du 16 janvier 2011,
jour du Congrès de Tours, Marine Le Pen a pris la tête du parti,
offrant ainsi une image plus moderne, plus jeune, mais surtout
plus apte à gouverner, en raison de la fameuse
« dédiabolisation ». Au fond, la « dédiabolisation », ce n'est
qu'un exercice électoral qui a pour but de s'élargir en
accueillant les mécontents de la conjoncture sociale et
économique que connaît la France, mais aussi de la grave crise
culturelle qu'elle endure.

Conquérir plusieurs électorats qui n'ont pas les mêmes racines
politiques et sociales nécessite de faire des concessions, parmi
lesquelles se trouve l'abandon d'une ligne idéologique claire.
Marine Le Pen a eu à faire un choix. Celui de rester dans les

pas de son père, et donc de rester un contre-pouvoir, et celui de penser à son avenir. Ayant fait le second, elle se retrouve avec les héritiers de son père, qui cohabitent avec des nouvelles recrues issues de la droite, comme de la gauche, des ouvriers comme des bourgeois. Tant d'intérêts éloignés qui seront complexe à combler. Ce qui rassemble aujourd'hui les électeurs du FN, c'est la question de l'immigration avec la même proposition depuis trente ans, « immigration zéro ». Mais partir vers de « nouveaux horizons » c'est accepter de parler des autres préoccupations des Français sans peur de les froisser, en faisant des propositions concrètes et en ayant le courage d'assumer celles qui pourraient être plus clivantes. Des « propositions » comme la sortie de la France de l'Union économique européenne en lâchant l'Euro et progressivement en quittant l'Union européenne, peuvent un temps rassembler des français qui souffrent de la conjoncture actuelle, mais à terme une telle décision ferrait perdre à la France son influence à travers l'Europe et le monde, et ces mêmes Français qui souffrent seraient les premiers à s'en rendre compte Ils seraient les premiers à le déplorer et à regretter leur geste.

Le Front National est donc tiraillé idéologiquement. C'est un fait que Marine Le Pen aura du mal à cacher dans les mois à venir, malgré son grand sourire.

La gauche au pouvoir

« Mes adversaires n'ont que deux propositions: défaire tout ce qui a été fait et recycler les vieilles recettes du passé, la dépense publique, le partage du travail, l'assistanat, l'immobilisme, l'affaiblissement de l'Etat, le rejet de l'autorité, la destruction des repères. » C'était ce que vous écriviez dans votre « lettre aux peuple Français ». On peut dire que çe fut une déclaration « prophétique ».

En effet, « défaire tout ce qui a été fait » a été le leitmotiv de

François Hollande dès son arrivée à l'Elysée. Il ira même jusqu'à changer de voiture, pour ne pas rouler dans la même que vous, et remplacer la banquette de son bureau par deux fauteuils, uniquement pour ne pas s'asseoir à la même place que vous! Plutôt que d'employer le temps de la cession parlementaire extraordinaire du mois de juillet 2012 à voter des mesures utiles pour protéger la France, François Hollande a préféré supprimer vos mesures phares, simplement parce qu'elles venaient de vous.

Le coût du travail en France, est un problème lorsqu'il entre en concurrence avec d'autres pays, en particulier ceux d'Asie. La TVA anti-délocalisation que vous aviez mise en place quelques mois plus tôt répondait à cette problématique car elle aurait protégé des millions d'emplois en favorisant les produits français et en taxant plus les produits étrangers. Aussitôt arrivé, elle fut supprimée par l'actuelle majorité. Mais ce qui restera comme le plus cruel vis-à-vis des salariés, c'est la refiscalisation des heures supplémentaires, qui conduiront, à terme, à leur suppression. Ce sont 9 millions de salariées qui « travaillaient plus pour gagner plus », qui se retrouvent lésés. C'est le fameux « partage du travail » dont vous nous parliez, qui est si cher aux socialistes, qui favorisent alors l'idéologie au bien du peuple.

Ensuite, « recycler les vieilles recettes du passé », c'est exactement ce qu'a fait François Hollande en présentant ses « 60 engagements ». On y retrouve de vieilles propositions de trente ans qui n'ont jamais montré leur efficacité, ou encore qui n'ont jamais été appliquées. A l'époque, François Mitterrand proposait de taxer les plus riches en créant un « impôt sur les grandes fortunes ». François Hollande fera la même proposition, dans les mêmes termes, avec ce même déni de réalité. Oui, un pays a besoin des « riches », n'est-ce pas eux qui créent de l'emploi et qui sont les ambassadeurs du « savoir faire » français à l'étranger?

Toujours avec ce même refus des réalités, François Mitterrand avait également proposé la réduction du temps de travail en abaissant à 39 heures la durée légale du travail. Ce sera fait en 1982. Dix-huit ans plus tard, Martine Aubry surenchérira en la rabaissant à 35 heures, empêchant ainsi les salariés de travailler davantage, et entamant surtout les « finances publiques ». Vous avez mis fin à cette folie en 2007, par la « loi TEPA » qui a permis aux salariés de « travailler plus pour gagner plus », et ainsi de restaurer trois valeurs cardinales qui font la force d'un pays. Le travail, le mérite et l'effort. Les 35 heures ont « entamé le potentiel de croissance économique », comme l'affirme un rapport de l'OCDE, datant de 2003. Malgré cet état de fait, François Hollande a choisi de nier le réel. En fiscalisant de nouveau les heures supplémentaires, il a fait un cadeau à ses amis syndicalistes, mais a privé ces 9 millions de Français, de pouvoir jouir d'un salaire à la hauteur de leur travail.

Quant au « droit de vote des étrangers », proposition commune aux deux François, elle est tombé aux oubliettes. Et c'est tant mieux, car le droit de vote est un privilège dont dispose chaque Français. La proposition d'ouvrir ce droit aux étrangers est purement électoraliste et illogique. « Que ceux qui désirent voter, fassent la demande de la nationalité française » déclariez-vous dans votre clip de la précédente campagne. Ce serait, en effet, un signe manifeste d'intégration et d'engagement pour son pays, avec lequel on aurait, malgré l'absence de lien du sang, un lien psychologique. Etre Français, c'est avant tout un état d'esprit. Etre Français, c'est aimer la France, la connaître, la comprendre et s'approprier sa grande Histoire.

Il y a aussi un autre point que vous auriez pu rajouter : les gaffes qui déshonorent la fonction présidentielle! En effet, lorsque dès le jour de son investiture, si l'on remonte l'Avenue des Champs Elysées en décapotable sous une pluie foudroyante, lorsque ce même jour on se laisse déstabiliser lors de la revue des troupes aux côtés d'Angela Merkel, lorsque l'on manque le discours du Président des Etats-Unis d'Amérique au somment de l'OTAN à cause d'une fâcheuse tendance à arriver en retard, lorsque l'on entre à l'Assemblée des Nations Unies par la porte de service ou quand on présente ses condoléances au peuple chinois alors qu'on est devant une foule de japonnais, quand on déclare que l'on est inquiet de la situation en Tunisie alors que la question porte sur l'Egypte, et enfin, quand on invente le nom d'un pays, je trouve cela assez inquiétant! C'est d'autant plus inquiétant que ce monsieur est le Président de la République française, chef de la diplomatie, chef des armées, protecteur de l'Académie française, co-prince d'Andorre et chanoine d'honneur de la Basilique Saint-Jean-de-Latran! (Titre qu'il n'est d'ailleurs jamais venu récupérer...).

Oui, j'ose le clamer, il s'agit bien là, d'un problème de personne!

Depuis que le Général de Gaulle a permis aux français d'élire directement leur chef de l'Etat en 1962, un lien quasi charnel s'est développé entre eux, sacralisant encore davantage la fonction présidentielle. L'enjeu de cette élection est de réussir à se faire élire par le peuple, puis, une fois cette phase de candidat passée, de réussir à s'élever en chef d'Etat. C'est alors le plus délicat qui est à accomplir, puisqu'il faut, par nécessité, abandonner certains engagements fous tout en ne trahissant pas les français. Durant cette phase, il faut également « faire président », c'est à dire être digne, grave, réactif et efficace. Cette phase, François Hollande l'a ratée!

Pour palier à son manque de propositions crédibles, François Hollande a user de son arme favorite, la démagogie. Ce qui s'avère le plus stupéfiant dans ces dérives démagogues c'est la négation de toute réalité. En effet, à quoi pensait-il lorsqu'il déclarait à la télévision en pleine campagne présidentielle, sans même avoir prévenu ses équipes, qu'il allait taxer les personnes bénéficiant de revenus supérieurs à 1 million d'Euros par an à 75%? Ce n'est que la démagogie qui pouvait alors le guider. Cela a d'ailleurs parfaitement fonctionné pour lui puisque il gagna des points supplémentaires dans les sondages la semaine qui suivit. Après avoir présenté à deux reprises ce texte qui fut retoqué la première fois par le Conseil Constitutionnel, une loi ressemblant à sa proposition de campagne a été adoptée. Elle prévoit une taxe allant de 50% à 75% pour les entreprises versant des salaires de plus d'1 million d'Euros. Finalement, cette loi qui devait toucher des milliers de familles ne touchera que quelques centaines d'entreprises et devrait de surcroît rapporter uniquement 200 millions à l'Etat, soit moins de 0,0001% de la dette de la France! Mais le "Président du changement" nous avait prévenu, tout cela n'est que du "symbole".

De même, ce fut un excès de démagogie qui l'emporta lorsqu'il déclarait vouloir se présenter devant les 27 pays de l'Union européenne afin de renégocier le "pacte de stabilité" signé un mois avant par vous-même et les autres chefs d'Etat et de gouvernement européens. Le résultat est sans appel, il était le seul à être contre, il fut mis de côté et on lui expliqua sans doute que sa vision n'intéressait pas tous ses autres homologues.

Il a ainsi contribué à décrédibiliser la parole publique qui a pourtant plus que jamais besoin d'authenticité en ces temps où la méfiance prime sur la confiance à cause des excès d'une minorité de politiques malheureusement trop visibles.

Puis, François Hollande est le responsable de la division des Français car il a favorisé les lobbies homosexualistes alors que la société française n'avait pas besoin d'un tel bouleversement. Cela a donné lieu à des échanges passionnés entre Français, presqu'autant que l'affaire Dreyfus en son temps. Mais, il faut reconnaître le "bon" côté, cela a permis de réveiller l'engagement des jeunes et d'assister à un renouveau catholique. La droite s'est redécouverte elle-même en battant le pavé et surtout, cela a démontré que les Français étaient généreux. Oui, généreux car ils n'ont , pour une fois, pas défilé pour défendre leurs intérêts personnels, mais ceux de la société française. Qui serait capable de citer la dernière manifestation désintéressée qui eut lieu en France ?

Autre sujet fâcheux, la dépense publique. Ce sont plus de 50 milliards d'euros d'impôts supplémentaires que les français ont eu à payer en seulement 2 ans. Payer ses impôts, c'est un devoir, mais lorsqu'aucun cap n'est en vue, on est en droit de se demander si nos efforts sont réellement efficaces. En effet, nous nous sommes tous demandés si le gouvernement socialiste ne comblait pas ses dépenses non financées par des taxes. De plus, aucune politique en matière d'emploi n'a été menée. François Hollande a trompé les Français en leur promettant l'impossible, particulièrement sur la courbe du chômage. Il avait promis de l'inverser, elle n'a cessé de croître. D'après le gouvernement, l'objectif principal est de ramener le taux de chômage là ou il était en

2012, lorsque vous quittiez l'Elysée, c'est à dire, à 3 millions de chômeurs. S'ils y parviennent, cela signifie qu'ils laisseront le secteur de l'emploi dans l'Etat où ils l'ont trouvé, en perdant cinq années à "bidouiller" sans rien avoir fait évoluer. Quelle ambition!

En terme de politique étrangère, est-il réellement nécessaire d'en parler? Au-delà des multiples gags et bourdes qu'il a commis, c'est avant tout l'image de la France qui est ébranlée. Il l'avait promis lors de la campagne présidentielle, les troupes combattantes d'Afghanistan sont bien rentrées fin 2012. Il l'a fait sans se soucier du sentiment qu'il pouvait susciter à ces centaines de soldats qui ont eu l'impression de n'avoir jamais terminé leur travail. Ensuite, doit-on rappeler qu'il est intervenu au Mali sans avoir réussi a convaincre nos voisin européens, nous isolant à nouveau sur la scène internationale. Mais François Hollande est persuadé d'avoir trouvé sa vocation, être "chef de guerre". A mon humble avis, se sentant isolé politiquement dans son propre pays il se complaît dans ce rôle auquel seul le Président peut jouer sans avoir besoin de l'aval du Premier Ministre ou de sa majorité. C'est ce qui s'appelle le "domaine réservé" décrit par Jacques Chaban-Delmas. Toutefois, en a-t-il le charisme? Est-ce un signe charismatique quand on n'est pas capable de réunir autour de soi les leaders de ce monde? Est-ce un signe charismatique quand on sait pas défendre les intérêts de la France en Europe et que l'on ose même évoquer l'éventualité de demander un report à Bruxelles pour mettre les comptes de la France en ordre?

Nous pourrions être étonnés de constater pareils faits, pourtant François Hollande nous avait en quelque sorte prévenu. Il le disait lui-même dès la première page de son projet, "Mon programme se base sur des hypothèses de croissance...". Tout était dit. Ces propos auraient dû alerter l'opinion et surtout les médias au sujet du caractère empirique de ses propositions, qui allaient pourtant engager la France pendant 5 ans.

Non, la France, qui subit depuis 30 ans les effets des crises successives dues aux manques de rigueur de tous les gouvernements, ne peut plus supporter un empirisme politique en ces temps incertains où chaque décision pèse dans le destin de notre grande et belle nation.

Aujourd'hui, nous assistons à une véritable crise politique en France. Nous assistons à un "ras-le bol" généralisé des Français, car nos compatriotes souffrent. Ils souffrent car ils ne se sentent plus écoutés, ils souffrent parce qu'ils se sentent trahis, abandonnés. L'actuelle élite politique ne peut plus répondre à ces attentes. Les abus de quelques uns, qu'ils soient de droite, de gauche ou même des "extrêmes", ont contribué à une certaine aversion des français envers leurs dirigeants. Ce rejet se manifeste en premier lieu par une forte abstention aux élections, notamment chez les plus jeunes. Puis, cela se traduit aussi par un désintérêt profond pour le débat politique, ce qui ne correspond pas au caractère passionné des Français qui sont célèbres dans le monde pour leur goût de la chose publique.

Enfin, la désormais célèbre anaphore du « Moi Président... » a totalement discrédité François Hollande, quoiqu'en disent les commentateurs qui trouvaient, à l'époque, qu'il avait, par cette tirade, mené le débat. Avec un peu de recul on peut observer qu'il s'est tout simplement ridiculisé. Sur le plan de la persuasion en politique, cela démontre que l'art de la parole et de la formule a une durée limitée dans le temps, la preuve en est qu'il s'est contredit en tous points et que personne ne prête plus attention à ces propos qui symbolisent, au pire, la démagogie, et au mieux, le fourvoiement d'un homme! Vous, en revanche, ce soir-là, n'étiez pas en « grande forme », aucune phrase « choc » singée « Nicolas Sarkozy » n'avait été retenue, pourtant aujourd'hui, lorsque l'on compare vos programmes communs, on s'aperçoit de manière flagrante que c'est vous qui aviez raison!

La suite de ce débat, nous la connaissons tous. Alors qu'aucun sondage ne vous donnait gagnant, vous fîtes battu, certes, mais de peu! 16 865 340 Français n'ont pas écouté ces alarmants sondages véhiculés par des médias dont l'objectivité était plus que discutable et qui, pour certains disaient que vous ne passeriez même pas le premier tour! Vous avez su redonner espoir à une grande partie de nos compatriotes durant cette campagne en montrant que le leadership est une indéniable force qui peut dépasser l'innommable influence de ce que nos amis américains appellent "le quatrième pouvoir".

J'ai d'abord pensé que le peuple était ingrat, puis j'ai cru qu'il était naïf, pour enfin m'apercevoir qu'il aspirait simplement à l'espérance. Le choix qu'ont eu à faire les Français le 6 mai 2012 était d'accepter la vérité sur notre pays ou de la nier. Le second choix a été fait par 51% des Français, mais comment les en blâmer? On ne peut leur en vouloir puisque ce fut un "choix démocratique", comme vous l'aviez rappelé dans votre discours du 6 mai. Toutefois, lorsque l'on aime la France et son peuple, il est aussi nécessaire, avec la lucidité qu'apporte un recul, d'analyser les conséquences de ce vote. Nous en sommes les malheureux témoins chaque jour. Les témoins malheureux d'un Etat qui se meurt, les témoins malheureux d'un Chef de l'Etat qui a ignoré, piétiné et discrédité la fonction présidentielle, qui crache sur l'ambition que l'on peut porter pour son pays, qui crache sur son pays lui-même en méprisant son Histoire et en bafouant les familles de France.

Vous avez laissé un bel héritage balayé par le dogmatisme, l'idéologie et le clientélisme sur fond de démagogie. La France est abîmée, elle véhicule une piètre image aux yeux du monde, et il en est de même à l'intérieur de notre pays. La flamme de l'espérance est éteinte, les Français subissent, alors que tout devrait être fait pour qu'ils agissent. Ne faisons pas en sorte que la France soit un simple mot dénué de toute signification. Redonnez nous l'envie de faire triompher les valeurs de notre belle France, rappelez que notre pays domina l'Europe pendant des siècles jusqu'au XVIIIe siècle, rappelez que même si nous ne sommes plus les plus nombreux et les plus puissants au monde, nous avons toujours eu une place de choix lorsqu'il s'agissait de l'avenir du monde, que ce soit dans les sommets diplomatiques, économiques ou à l'ONU, la France pesait dans les décisions. Sous votre présidence elle aura été écoutée et respectée.

Conclusion

Nombreux sont les hommes d'Etat Français qui sont parvenus à revenir sur le devant de la scène. Durant la Restauration et ce jusqu'à la fin de la Ive République, il était fréquent pour le Président du Conseil de démissionner dès lors que le Parlement ne lui accordait plus sa confiance. Du célèbre duc de Richelieu à l'admirable Général de Gaulle, en passant par Jules Ferry, Georges Clemenceau, Aristide Briand, Raymond Poincaré ou encore Léon Blum, ils furent une trentaine à avoir retrouvé leur poste grâce à leur persévérance, leur charisme ou leur habileté.

Cependant, depuis que la suprême fonction de "Président de la République française" existe, aucun des 24 magistrats suprêmes n'ont retrouvé leur poste après avoir cessé d'exercer leur mandat. Vous graverez donc à nouveau votre nom dans l'Histoire de notre pays, si vous décidiez de revenir et si, bien sûr les français vous en donnaient mandat.

Alors, Monsieur le Président, merci ! Merci de vous être battu comme jamais pour la France! Qui n'a pas encore à l'esprit, ce jour du mercredi 19 octobre 2011, où plutôt que de rester en famille auprès de votre épouse qui mettait au monde votre fille, vous pensiez à sauver l'Europe en vous envolant à Francfort pour y rencontrer la Chancelière? Personne ne doit oublier les combats dignes d'un sacerdoce que vous avez mené.

Mais bien au-delà de la simple action politique, il est nécessaire de vous remercier pour avoir imposé votre style!

Oui, ce que l'on retiendra de votre quinquennat, c'est la passion d'un homme qui se bat à chaque instant, qui ne laisse aucune place à l'hésitation, ni à l'immobilisme, un Président dont le volontarisme est le maître-mot à tel point que même votre successeur qui avait tant dénigré votre rythme s'est mis à vous imiter, certes bien maladroitement, afin d'essayer de démontrer qu'il n'est pas un "Président de la Ive République".

Aujourd'hui, la France a donc besoin d'un homme énergique, réformateur, courageux, visionnaire, et surtout qui l'aime. Elle a besoin de vous pour raviver cette flamme qui réanimera nos âmes de patriotes!

Mais il est un fait que vos détracteurs ont si souvent passé à la trappe, celui que vous n'étiez pas seul pour accomplir la lourde tâche de conduire la France pendant cinq ans. Le "sarkozysme" est une équipe! Il est donc normal de remercier ceux qui ont agi à vos côtés.

Merci donc à Christine Albanel, Michèlle Alliot-Marie, Fadela Amara, Benoist Apparu, Roselyne Bachelot, Michel Barnier, François Baroin, Nora Berra, Xavier Bertand, Eric Besson, Christian Blanc, Jean-Marie Bockel, Jean-Louis Borloo, Jeannette Bougrab, Christine Boutin, Domnique Bussereau, Luc Chatel, Edouard Courtial, Xavier Darcos, Marc-Philippe Daubresse, Rachida Dati, Patrick Devedjian, David Douillet, Christian Estrosi, Hubert Falco, Claude Greff, Claude Guéant, Martin Hirsh, votre fidèle ami Brice Hortefeux, Anne-Marie Idrac, Yves Jégo, Chantal Jouanno, Jean-Pierre Jouyet, Alain Joyandet, Alain Juppé, le fidèle Roger Karoutchi, Nathalie Kosciusko-Morizet, Bernard Kouchner, Marc Laffineur, Christine Lagarde, Bernard Laporte, Bruno Le Maire, votre ami Frédéric Lefebvre, Pierre Lellouche, Jean Leonetti, Maurice Leroy, Valérie Létard, Gérard Longuet, Alain Marleix,

Thierry Mariani, Michel Mercier, Frédéric Mitterand, Marie-Anne Montchamp, Nadine Morano fidèle parmi les fidèles, Hervé Morin, Hervé Novelli, Patrick Ollier, Valérie Pecresse, Marie-Luce Penchard, Henri de Raincourt qui su garantir l'équilibre entre l'exécutif et le législatif, Philippe Richert, André Santini, François Sauvadet, Georges Tron, Laurent Wauquiez, Eric Woerth, Rama Yade et bien sur celui qui resta à la tête du gouvernement cinq années durant François Fillon. Merci à Jean-François Copé qui menât et coordonnât les députés de l'UMP, à Josselin de Rohan et Jean-Claude Gaudin qui firent de même avec les sénateurs, ainsi qu'à tous les parlementaires qui assurèrent la forte production législative de leur législature et bien sûr aux deux Présidents des Assemblées, Bernard Accoyer et Gérard Larcher!

Sans eux, rien n'aurait été possible, ils peuvent, ils doivent être fiers de leur action commune!

Je veux vous assurer de ma volonté de ne pas faire de votre quinquennat, une analyse dithyrambique, ni vous faire porter le fardeau d'homme providentiel. Ce serait une erreur, car « l'homme providentiel », avant d'être « providentiel », est avant tout un homme. En revanche, vous êtes l'homme de la situation. Vous êtes l'homme qu'il nous faut car vous êtes respecté et connu à travers le monde, les conférences que vous avez fait depuis deux ans aux quatre coins de la planète le démontrent!

Certes, il ne s'agit pas d'affirmer que tout va s'arranger à l'aide d'un simple claquement de doigts, d'autant plus que François Hollande laisse la France dans un état désastreux. Les français auront sans doute encore des efforts à faire, mais ce sera avec la certitude qu'au terme de leur effort, la France en sera grandie et en sortira plus forte. A vous d'user de votre talent à convaincre et à faire lever les foules. Depuis deux ans, chacune de vos sorties entraîne des foules de Français venues vous témoigner leur soutien. Profitez donc de votre exceptionnelle aura pour demander aux millions Français qui seront derrière vous avec ferveur pendant votre campagne de ne pas vous abandonner pendant les cinq années qui suivront en continuant à être des relais pour ne jamais cesser l'intensité de ce qui sera un nouvel élan national.

Souvenez-vous du célèbre adage latin, « errare humanum est, perseverare diabolicum est ». La France a changé de capitaine pendant la tempête, elle a fait une erreur, mais qui peut être réparée car il n'est jamais trop tard. Ayons foi en la lucidité des Français! C'est lorsque l'on perd toute envie de se battre, tout espoir envers et pour son peuple que l'on cesse de faire de la politique. C'est loin d'être votre cas puisque votre état d'esprit fut toujours l'exact contraire. N'avez vous pas déclaré, un jour, que "c'est le courage qui donne la force"?

Enfin, comment ne pas terminer sans évoquer l'émouvante fin de chacun de vos meetings durant la dernière campagne présidentielle. En vous tournant vers le "peuple de France", toujours après quelques secondes d'un absolu silence, vous déclariez aux Français "Aidez-moi".

C'est maintenant à nous, Français, de vous retourner ce célèbre appel. Monsieur le président, aidez-nous, la France a besoin de vous!

Maxence Trinquet,
et sans doute, des millions de Français.

Liste des sources

Un Président réformateur et visionnaire

La magazine de l'Union, n°56

Confiance en la France

La magazine de l'Union, n°56

Une France plus rigoureuse et moderne

3 ans d'action, éditions de l'Union

Une France plus protectrice

Ministère de l'Interieur, chiffres de l'immigration irrégulière La magazine de l'Union, n°56

Un développement durable

energie.edf.com

rff.fr

Our Common Future, rapport de Gro Harlem Brundtland

La grandeur de la France

Discours de Nicolas Sarkozy au Palais du Latran, le 20 décembre 2007

Dans les pas de...

Démocratie Française, de Valery Giscard d'Estaing

La France forte

Le magazine de l'Union, n°56

La gauche au pouvoir

INSEE, chiffres du chômage

Ministère de l'Intérieur, résultat des élections présidentielles de 2012.